Joseph Sauer

Die Anfänge des Christentums und der Kirche in Baden

Joseph Sauer

Die Anfänge des Christentums und der Kirche in Baden

ISBN/EAN: 9783955642174

Auflage: 1

Erscheinungsjahr: 2013

Erscheinungsort: Bremen, Deutschland

@ EHV-History in Access Verlag GmbH, Fahrenheitstr. 1, 28359 Bremen. Alle Rechte beim Verlag und bei den jeweiligen Lizenzgebern.

Neujahrsblätter
der
Badischen Historischen Kommission
Neue Folge 14
1911

Die Anfänge des Christentums und der Kirche in Baden

Von
Joseph Sauer

Heidelberg 1911
Carl Winters Universitätsbuchhandlung

Verlags-Nr. 527.

Inhalt.

	Seite
Vorwort	5
Erstes Kapitel: Spuren des Christentums aus römischer Zeit	7
Monumentale Zeugnisse	10
Monumentale Zeugnisse	10
Zweites Kapitel: Das Christentum in Baden in der Übergangszeit	15
Die endgültige Besetzung des Landes durch die Germanen	15
Reste des Christentums nach der Besitznahme. Die Grenzbistümer am linken Rheinufer	19
Anfänge des Bistums Konstanz	24
Die Christianisierung der fränkischen Landesteile	26
Drittes Kapitel: Die Einführung des Christentums im alamannischen Baden durch iro-schottische Missionare	30
Der hl. Fridolin	31
Der hl. Columba	37
Der hl. Gallus	40
Der hl. Trudpert	44
Der hl. Landelin	45
Grenzbestimmung der alamannischen Bistümer. Entstehung von Pfarrsprengeln	46
Die Lex Alamannorum	48
Viertes Kapitel: Die ersten Klöster Badens. Pirmins Reform	51
Die Klostergründungen der Ortenau	51
1. Schuttern 52. — 2. Honau 54. — 3. Schwarzach 55. — 4. Gengenbach 56.	
Der hl. Pirmin	57
Die Gründung der Reichenau	58
Pirmin als Reformator und Missionar	60
Kleinere Klöster am Bodensee (Konstanz, Schienen, Hohentwiel)	65
Kloster Rheinau und St. Blasien	66
Lorsch mit Kloster Heiligenberg bei Heidelberg	68
Die Frühgeschichte des Klosters Reichenau	71
Das literarische Leben auf der Reichenau	73
Das künstlerische Leben auf der Reichenau	77
Fünftes Kapitel: Die Weiterentwicklung der verschiedenen alamannischen Bistümer	80
Das rechtliche Verhältnis der Abteien Reichenau und St. Gallen zu den Bischöfen von Konstanz	80

	Seite
Die großen Bischöfe des 9. und 10. Jahrhunderts in Konstanz . .	86
Die Bischöfe von Straßburg	91
Die von Speyer und Worms	94
Die Kirchenreform des hl. Bonifatius	94
Die hl. Lioba und das Kloster Tauberbischofsheim	99
Sechstes Kapitel: Das religiös-kirchliche Leben gegen Schluß des ersten Jahrtausends	101
Entstehung, Bedeutung und Besitz der ältesten Pfarrkirchen	101
Bau und Einrichtung derselben	105
Reliquienkult	113
Die frühesten Kirchenpatrone	115
Literaturübersicht	126

Die Aufgabe, das allmähliche Vordringen des Christentums im heutigen Baden zu verfolgen, trifft auf erhebliche Schwierigkeiten sowohl geographischer wie stofflicher Natur. Daher mag es auch gekommen sein, daß, während die politischen und kulturellen Zustände Badens unter römischer Herrschaft wiederholt behandelt worden sind, eine zusammenfassende Schilderung der Anfänge des Christentums bei uns bislang nur einmal (Körber) und auch da nur für den südlichen Teil des Landes versucht worden ist, und daß auch die eben genannten Monographien nicht einmal obenhin auf die ältesten christlichen Spuren im heutigen Baden Bezug nehmen. Die Schwierigkeiten einer geschichtlichen Behandlung liegen schon gleich in der an die heutigen Landesgrenzen sich haltenden Absteckung des Gebietes: das heutige Baden ist eben kein geschichtlicher Begriff, der eine einheitlich organische Entwicklung gehabt hat. Jede geschichtliche Betrachtung seiner Vergangenheit hat darum mit teilweise sehr heterogenen Elementen ganz uneinheitlicher Entwicklungsreihen zu rechnen. Noch bedenklicher sieht es mit den etwaigen Spuren und Zeugnissen christlichen Lebens, auf die sich eine wissenschaftliche Darstellung stützen müßte, aus. Seit der Verjagung der Römer hatte das Gebiet des heutigen Badens keinen politischen und kulturellen Mittelpunkt mehr, an dem sich neue Anregungen hätten festsetzen und bleibendere Spuren hinterlassen können als auf dem Lande. So sind die monumentalen Zeugnisse für das älteste Christentum äußerst dürftig; versprengte, zufällig erhalten gebliebene Reste einer christlichen Kultur, geben sie weder über deren Herkunft, noch Umfang und Beschaffenheit auch nur halbwegs befriedigenden Aufschluß. Für sich allein betrachtet, bezeugen sie lediglich, daß zur Römerzeit Christen in Baden lebten, aber nicht einmal das mit zwingender Kraft. Mit dem Vordringen der Alamannen senkt sich dann auf Jahrhunderte hinaus auf alles geschichtliche Leben völliges Dunkel. Mit der römischen Kultur schwand auch christliches Leben, und erst als unter fränkischem Einfluß die ersten Mönche und Missionäre ihren Einzug halten, beginnt wieder, wenn auch dürftig genug, die literarische oder monumentale Bezeugung, bis wir dann seit den Tagen des Germanenapostels Bonifatius, besonders im Zeitalter der Karolinger an Bischofssitzen und in Klosterzellen das Aufsprossen und Aufblühen einer eigenartigen germanisch-christlichen Kultur begrüßen können.

Aber auch selbst in dieser späten Zeit entwickelt sich eine wirkliche Kultur christlichen Gepräges hauptsächlich nur an den Grenzpunkten des Landes und bringt von da allmählich ins Innere vor. Das war zur Zeit römischer Okkupation schon so und ist wohl auch so noch gewesen zur Zeit der Germanenmissionierung. In den Stützpunkten der Grenze fast allein haben wir Jahrhunderte hindurch Christen zu suchen. Wo draußen in der Diaspora vereinzelte Christen durch Stellung oder Pflichten zu leben genötigt waren, wie an den vorgeschobenen Punkten des Dekumatenlandes, da gehörten sie zweifellos zu einem jener Grenzpunkte. Wir werden darum in Hinsicht auf Bewertung und Beurteilung sowie Ergänzung der Zeugnisse stets auch die Verhältnisse an der Peripherie als Analoga beiziehen dürfen; um so mehr werden wir darauf angewiesen sein, wenn wir versuchen, aus den kümmerlichen und wortkargen Zeugnissen und Monumenten den gesamten geistigen und kulturellen Zustand wieder herzustellen, dem sie ursprünglich eingegliedert waren.

Aus den eben hier geäußerten allgemeinen Darlegungen ergibt sich von selbst, daß wir die Geschichte des Frühchristentums in Baden in eine römische und eine germanische Periode scheiden müssen. Es wird sich zeigen, daß diese Scheidung nicht nur rein äußerlich chronologisch, sondern auch innerlich bedingt ist. Nicht nur, daß Römer oder Germanen im einen oder andern Zeitraum Bekenner des Christentums sind, es läßt sich auch sonst mancher Unterschied in bezug auf Ausbreitung christlicher Lehre und auf Ausgestaltung im Leben wahrnehmen. Wir schließen unsere Betrachtung rund mit dem Jahr 1000, weil die Christianisierung des Landes äußerlich in der Hauptsache abgeschlossen war am Ende des 1. Jahrtausends, und auch die innere Organisation der Kirche im wesentlichen vollendet war. Da die Christianisierung sehr viel früher begonnen als die kirchliche Organisation, sind wir berechtigt, wenn nicht genötigt, von Anfängen des Christentums und der Kirche zu reden, ein Titel, der vielleicht den einen als Tautologie, den andern sonstwie bedenklich erscheinen könnte.

Erstes Kapitel.
Spuren des Christentums aus römischer Zeit.

In frühester Zeit, da das Christentum bei uns hätte Eingang finden können, war Baden ein Bestandteil des Dekumatenlandes und blieb es bis etwa zum Jahre 260. Ein reich entwickeltes Straßennetz durchzog das Land seiner Länge wie Breite nach und lief über alle wichtigeren Schwarzwaldpässe. Damit war eine Verbindung hergestellt zwischen den wichtigen linksrheinischen Garnisonen und den Niederlassungen im Donau- und Neckargebiet und weiterhin mit dem Limes im Osten. Die römischen Ansiedelungen innerhalb Badens mochten zu einem guten Teil durch dieses Straßensystem bedingt gewesen und vorwiegend im Dienst militärischer Interessen gestanden sein, wie Offenburg, Hüfingen, Gengenbach, Jagsthausen und Osterburken; daneben gab es aber doch auch Siedelstätten bürgerlichen Charakters, die vielfach recht ausgedehnte Anlage aufweisen, wie Konstanz, Riegel, Dos, Neuenheim, Ladenburg, Pforzheim, oder renommierte Badestädte wie Baden-Baden und Badenweiler, durchweg Orte von erheblicher Kultur, wie sich aus den Funden ergibt. Politisch in der ersten Kaiserzeit ein Bestandteil der Provincia Belgica, wurde das Gebiet von Baden etwa um das Jahr 100 der sich bald bildenden Germania superior zugeteilt, während der südöstliche Teil Badens, rings um den Bodensee im 4. Jahrhundert als Bestandteil der Raetia Secunda zur Präfektur und Reichsdiözese Italien gehört.

Man muß sich diese geographischen Begriffe vor Augen halten, wenn man das älteste Zeugnis christlichen Lebens auf deutschem Boden richtig verstehen will. In seinem um 180 verfaßten Werk Adv. haereses (I, 10 n. 2) spricht Irenaeus von Lyon von regelrecht organisierten Kirchen in den beiden Germanien (αἱ ἐν Γερμανίαις ἱδρυμέναι ἐκκλησίαι), deren Glaube und Tradition dem Glauben der spanischen, gallischen, kleinasiatischen u. a. Kirchen verglichen wird. Es wird heute allgemein zugegeben, daß diese

Angabe glaubwürdig ist; denn bei dem regen Verkehr, der zwischen Rhone und Oberdeutschland in jener Zeit herrschte, war es ein Leichtes, sich zuverlässige Kenntnisse von den Verhältnissen am Rhein zu verschaffen; des Irenaeus Aussage darüber ist denn auch so bestimmt gehalten, daß ein Zweifel an ihrem Inhalt nicht aufkommen kann. Nach diesem Zeugnis gab es in Ober- und Niedergermanien nicht nur eine ansehnliche Zahl von Christen, sondern auch schon ihren Zusammenschluß in ordnungsmäßigen, d. h. einem Bischof unterstellten Kirchen, die mit den zum Teil noch ins 1. Jahrhundert zurückreichenden Provinzialkirchen Ägyptens, Kleinasiens, oder Spaniens und Galliens auf eine Stufe gestellt werden. Es wird uns nicht gesagt, wo wir diese frühesten kirchlichen Gründungen auf germanischer Erde zu suchen haben, aber nach den anderwärts bekannten Verhältnissen, wohl nur an den wichtigsten Stützpunkten römischer Okkupation in Germanien, in Köln und Mainz. Das Dekumatenland und speziell Baden, ein eben erst in Besitz genommenes Gebiet, kommt bei der Frage nach den „in Germanien errichteten Kirchen" gar nicht in Betracht. Ob es darin überhaupt schon vereinzelte Christen gab? Das erste Zeugnis, das uns eine solche Annahme, wenn auch nur in allgemeinster Form gestattet, liegt für die Zeit Konstantins vor und stammt von dem Kirchenhistoriker Sozomenus. Es besagt in wenig bestimmter Fassung, daß in den ersten Jahrzehnten des 4. Jahrhunderts „die Stämme zu beiden Seiten des Rheines sich schon zum Christentum bekannten". Ähnliches läßt sich für die Zeit um 300 aus einer allerdings stark rhetorisch, aber immerhin bestimmt gehaltenen Stelle bei Arnobius schließen, die das Vorhandensein von „Christen im Stamme der Alamannen" bezeugt. Wo und in welchem Umfang, wird sich auf Grund der bisher bekannten Zeugnisse nie feststellen lassen. Daß die Verbreitung des Christentums keine erhebliche gewesen sein kann auf der rechtsrheinischen Seite, dafür spricht der gänzliche Mangel an monumentalen Resten christlichen Charakters aus der Frühzeit.

Früher hat man namentlich das römische Militär als den hauptsächlichsten Vertreter und Verbreiter christlicher Lehre betrachtet; seine Rekrutierung aus Gebieten, die zum Teil schon lange sich dem Christentum zugewandt hätten, war für manchen Optimisten Beweis genug, daß die germanischen Legionen in starker

Mehrheit sich zum Christentum bekannten. Nun ist aber umgekehrt Tatsache, daß die germanischen Legionen seit dem 1. Jahrhundert am Rhein unabgelöst stationiert waren und sich aus den Militärfamilien oder den Lagergebieten ergänzten. Nicht weniger ist bekannt, daß im römischen Heer eine eifrige Pflege des offiziellen Kaiserkultes und einer großen Anzahl römischer und barbarischer, zum Teil stark exotischer Kultformen blühte. Besonders die orientalischen Gottheiten der Spätzeit, aber auch keltische, wie die Dea Abnoba, die Epona oder die drei Matronae, kamen rasch in Aufnahme. Allein die kümmerlichen Fragmente von Denkmälern, die in Baden gefunden wurden, zeigen uns ein Pantheon von Heeresgottheiten, das sich zusammensetzt aus Jupiter, Mars, Fortuna, Victoria, Venus; aus Abnoba, Epona; der phrygischen Mater Deum und aus Mithras. An anderen, namentlich größeren Orten, wie Mainz, ist diese bunt zusammengesetzte Liste noch umfangreicher. Am auffallendsten ist die rasche Verbreitung des persischen Mithraskultes, der ungefähr gleichzeitig mit dem Christentum (seit 70 n. Chr.) seinen Siegeslauf durch das römische Reich begann und lange Zeit als gefährlichster Konkurrent galt. In seinen Gebräuchen und religiösen Formen (namentlich einer Art Taufe, Fasten und Opfer von Brot und Wein), auch in seiner Lehre von der Fortdauer nach dem Tode und einem Erlöser dem Christentum in etwa äußerlich ähnlich und gleich diesem bestrebt, den tiefsten religiösen Bedürfnissen, vor allem auch des einfachen Mannes entgegenzukommen, fand der Kult des Sol Invictus bald die weiteste Verbreitung. Überall längs der römischen Heerstraßen treffen wir Spuren von Mithräen, bei uns die schönen Mithrassteine von Neuenheim und Osterburken. Von den Heerlagern und Waffenplätzen an den Grenzen des Reiches zog die Mithrasverehrung, durch ausgediente Soldaten, durch Sklaven und Handelsleute gefördert, auch ins Innere des Landes. Angesichts dieser Sachlage muß jeder Gedanke, daß im Heer günstiger Boden für das Christentum gewesen sei, hinfällig erscheinen. Nicht, weil die Legionen andere heidnische Kulte gepflegt und mit einem gewissen Latitudinarismus verbreitet haben, dürfen wir in ihnen ein vorzügliches Mittel auch zur Verbreitung des christlichen Kultes erblicken, sondern weil sie mit solchem Eifer dem Mithrasdienst ergeben waren, waren sie zur Aufnahme des Christentums ungeeignet und unempfänglich. Vereinzelte Christen hat es zweifellos schon im Heer gegeben, aber ihr Bekenntnis hat in den Lagerzuständen weit eher eine schwere Hemmung, wenn nicht völlige Lähmung als irgendwelche Förderung gefunden. Dem entspricht auch der epigraphische Befund; unter den zahlreichen Militärinschriften der ersten drei Jahrhunderte findet man kaum eine von unzweifelhaft christlichem Gepräge. Unter den Saalburgfunden, die zeitlich ungefähr soweit reichen, wie in Baden die Herrschaft der Römer, etwa bis 280, hat man drei als christlich angesprochen. Aber der christliche Charakter von zwei Glasbruchstücken ist durch den angebrachten Fisch mehr als mangelhaft bezeugt und das dritte bestimmt christliche Fundstück ist sicherlich eine Fälschung.

Anders liegt die Sache in den eigentlichen bürgerlichen Niederlassungen, vor allem in den mit einem reich entfalteten, luxuriösen Leben ausgestatteten Badeorten wie Baden-Baden und Badenweiler. Hier fanden sich ständig fremde Elemente zu kürzerem oder längerem Verkehr ein, herbeigeführt durch die Annehmlichkeit des Lebens oder durch geschäftliche Interessen. Ein besonders starkes Kontingent stellten, wie wir aus den Grabinschriften vor allem in Mainz und Trier ersehen können, die orientalischen und griechischen Handels- und Kaufleute; die Denkmäler bestätigen hier nur, was uns schon aus literarischen Quellen bekannt ist. Von diesem hauptsächlich aus Syrien und Ägypten sich rekrutierenden Händlervolk bekannte sich, wie uns wieder die Inschriften verraten, ein größerer Prozentsatz schon zur neuen Lehre. So ist es wohl nicht zu verwundern, daß das älteste Zeugnis christlichen Geistes in Baden, offenbar auf einen nichtrömischen, wahrscheinlich griechischen oder orientalischen Träger zurückgeht. Es ist das in den Ruinen von Badenweiler gefundene, also spätestens dem 3. Jahrhundert angehörige Silberplättchen, das als gnostisches Amulett durch den Inhalt seiner in griechischen Buchstaben geschriebenen lateinischen Inschrift sich verrät. Wahrscheinlich wurde es zusammengerollt in einer zylindrischen Kapsel am Halse getragen. Nach den unleserlichen kabbalistischen Zeichen der ersten Zeile und nach mehrfach wiederholten Ausrufen werden eine Anzahl gnostischer Mächte und Dämone angerufen, die Kinder einer Leibia, Luciolus, Acheilos und Mercussa von allem Bösen zu bewahren.

```
◊ΘΑΕΑΓΔΓƎΔFOZΛ
CINI IA IA IA ICABAωΘ
ΛΑΝΑΘΑΝΑΛΒΑ ΑΚΡΑ
ΕΜΕCΙΛΑΜ CΗCΗΝΓΕΜ
ΝΓΗC ΙΟ ΙΟ CΕΡΟΥΑΤΕ
ΥΜ ΚΟΥΕΜ ΠΕΠΕΡΙΤ ΛΕΙΒ
Ρ ΑΒ ΟΜΝΙ ΠΕΡΕΚΟΥΛω
Α ΧΕΙΛΟΝΟC CΕΡΟΥΑ
ΛΟΥΚΙΟΛΟΥΜ CΕΙ
ΟΥΑ ΜΕΡΚΟΥCCΑΜ
```

Der gnostische Charakter dieser Amulettafel ergibt sich zur Genüge aus den Dämonennamen, die auch sonst auf ähnlichen Zaubergegenständen belegt sind und deren absurd barocke Namensformen allein Beweis genug sind für das maßlos phantastische des vulgären Gnostizismus. Während das offizielle Christentum sich immer wieder, oft mit den schärfsten Mitteln, gegen Anwendung magischer Zeichen und Formeln wandte, fanden diese in den zahlreichen gnostischen Richtungen namentlich des Ostens einen fruchtbaren Nährboden. Daß auch unser Zauberplättchen einem Orientalen, zum mindesten einem Griechen zugehört, darf man aus dem Mischmasch von Griechisch und Latein und aus der griechischen Form der Namen schließen. Der Fund von Badenweiler zeigt aber weiter noch, daß das Christentum in der phantastisch mystischen Travestierung der Gnosis, in einem buntscheckigen Kleid im Abendland, selbst an den vorgeschobensten Punkten antiker Kultur früh schon Zutritt gefunden hat. Solche synkretistische Ausdrucksformen konnten naturgemäß da am besten gedeihen, wo eine wirkliche Organisation der wahren Religionsform noch nicht durchgeführt oder möglich war. Sie sind das Gegenstück zum heidnischen Mithraskult. Durch das Geheimnisvolle ihrer Formeln dem phantasievolleren Morgenländer eine Hauptanziehung, mußten sie durch die Frembartigkeit der Begriffe dem Abendländer in den meisten Fällen ein totes Element bleiben.

Das Silberamulett von Badenweiler ist das erste und einzige christliche Zeugnis aus der Zeit römischer Okkupation in Baden. Seit Ende des 3. Jahrhunderts war Baden von den Alamannen besetzt, wenn sich auch im Südosten noch etwas länger die römische Herrschaft behauptet haben mag. Mit dem Verschwinden des Römers ist auch das Kreuz größtenteils wieder aus unsern Gauen gewichen, wenn es schon irgendwo Eingang gefunden hat. Nicht ganz indes; es liegen doch eine Reihe christlicher Funde vor, die immerhin auf das Vorhandensein von Christen schließen lassen, sei es, daß sie von der römischen Okkupation her noch zurückgeblieben, sei es, daß sie als Sklaven aus Feindesland eingeschleppt worden sind. Das christliche Leben, das uns aus diesen wenigen Trümmerstücken entgegentritt, trägt noch ebenso wie in der früheren Zeit alle Zeichen des Synkretismus an sich. Wie in der Literatur dieser Tage, bei einem Ausonius und seinem Freund Pacatus eine eigenartige Verquickung von christlichen und heidnischen Vorstellungen auffällt, so hat wohl auch im täglichen Leben und insbesondere beim gewöhnlichen Volke eine starke Mischung von heidnischen und christlichen Elementen stattgefunden. Mythologische Darstellungen und Vorstellungen wurden noch lange beibehalten; andererseits grub man aber auch gerne auf profane Gegenstände wie Becher, Gefäße, Lanzen, Siegelringe u. a. das Kreuz oder ein anderes christliches Symbol, in Ebenhofen auf eine Riemenzunge die Versikel: Deus in adjutorium meum intende. Eine derartige Unklarheit der Haltung läßt sich später auch noch bei den ersten Christen aus dem fränkischen und alamannischen Stamm wahrnehmen. Als wollten sie sich unter allen Umständen fürs Jenseits sicherstellen, nahmen sie die üblichen heidnischen Grabbeigaben zusammen mit christlichen Abzeichen ins Grab.

Nicht von vornherein als Profangegenstände mit christlichen Emblemen nur versehen, sind meines Dafürhaltens eine Anzahl in Gräbern des alamannischen Gebietes gefundener Löffel anzusprechen, wie einer in einem Reihengrab des 4./5. Jahrhunderts zu Sasbach am Kaiserstuhl zum Vorschein kam. Andere Löffelfunde gleicher Art wurden in Sierck, in Metz, in Sindelfingen, Eßweiler, Gültlingen und Heilbronn gemacht. Die nächste Vermutung, die sich einem bezüglich der Bedeutung dieses Gegenstandes aufdrängt, legt wohl den Gedanken an gewöhnliche, dem Profangebrauch entstammende Grabbeigaben nahe. Indes lassen das häufige Vorkommen und verschiedene Inschriften doch auch eine andere Deutung dieser Beigabe zu. Der Sasbacher Löffel, der sich durch das Monogramm Christi in der seit Mitte des 4. Jahrhunderts üblichen Form (✶) als christlich verrät, trug auf dem vorderen

Stilende den Namen Andreas. Es kann wohl nur der Apostelname
sein, da auch anderwärts die Namen von Aposteln auf Löffeln,
und wiederholt Löffel in der Zwölfzahl in späteren Kirchenschätzen
begegnen. Die Beziehung solcher Kirchenlöffel auf die 12 Apostel
zusammen mit der Tatsache, daß in der griechischen Liturgie zur
Spendung der Eucharistie ein Löffel verwendet wurde, dürfte doch
wohl die Annahme nahelegen, daß diesem Gegenstand von Hause
aus eine liturgische Bedeutung zukommt. Die römische Kirche
schließt allerdings den Gebrauch eines Löffels im Gegensatz zur
griechischen Kirche aus, aber die älteste in Gallien-Germanien übliche
Liturgie war nicht römisch, sondern gallikanisch und ihrem Wesen
und ihren Einrichtungen nach mit den Liturgien des Ostens, wie
auch die ravennatische und mailändische, bei denen die liturgische
Rolle des Löffels ebenfalls bezeugt ist, verwandt. Die Grabfund-
löffel sind allem Anschein nach Amulette in gutem Sinne, die
die Grabesruhe des Beigesetzten gegen dämonische Einflüsse sichern
sollen. Wie man den Leichen oft vorher bei den Agapen verwendete
Goldgläser, wie man ihnen selbst dem ausdrücklichen Verbot der
Kirche zum Trotz die Eucharistie mit ins Grab gab, so gewiß
auch Gefäße und Gegenstände, die mit der Eucharistie irgendwie
in Berührung gekommen waren. Daß diese Löffel als zufällige
Beutestücke ins Grab heidnischer Alamannen gekommen sind, diese
schon mehrfach vertretene Annahme wird durch die Inschrift des
Heilbronner und des Eßweiler Exemplars hinfällig gemacht.
Ersterer, der zusammen mit einem das Monogramm Christi mit
α und ω enthaltenden Diptychon gefunden wurde, zeigt im Boden
der Schale die Akklamation Posenna vivas, der von Eßweiler
auf dessen Kehrseite die ganz entsprechende Luciliane vivas, hier
zwischen zwei auf blühenden Zweigen sitzenden Tauben. Diese Worte
sind jeweils nur mit Bezug auf die Beisetzung und nur auf den
Toten, dessen Zugehörigkeit zum Christentum Voraussetzung ist,
beigefügt worden. Gerade die letztere Inschrift mit ihren auf das
Paradies und seine Freuden hinweisenden Symbolen schließt unseres
Dafürhaltens jede andere außer der Funeralbedeutung aus. Das
Vivas ist eine der ständig wiederkehrenden Grabformeln der alten
Christen, die Weiterführung des Wortes Christi: „Wer an mich
glaubt, wird leben und in Ewigkeit nicht sterben". Diesem auf
biblischem Wort sich aufbauenden Abschiedsgruß verlieh man noch

einen besonderen Nachdruck und eine gewisse Kautel, indem man den Toten durch den liturgischen Gebrauch geheiligte Gegenstände mit ins Grab gab. Wie die zwei Löffel von Heilbronn und Eßweiler unzweifelhaft einem Christen und zwar aus einem christlich-religiösen Motiv in die letzte Ruhestätte gelegt wurden, so müssen wir auch bei den andern im alamannischen Gebiet in Gräbern der gleichen Zeit gefundenen Löffeln dieselbe Zweckbestimmung annehmen.

Das Bild, das wir uns auf Grund der literarischen und monumentalen Zeugnisse von den römischen Anfängen des Christentums in Baden machen können, läßt sich in die zwei Worte fassen: Christen, aber keine Kirche. Es ist ein Diaspora-Christentum ohne einen festen legitimen Mittelpunkt. Die Zentren kirchlichen Lebens lagen in dieser Frühzeit alle außerhalb der Grenzen Badens, allerdings hart an diesen, wahrscheinlich auch mit Jurisdiktionsgewalt über die Christen des Dekumatenlandes versehen. Nach der oben erwähnten Stelle des Irenaeus hatte Obergermanien bereits in der 2. Hälfte des 2. Jahrhunderts bischöfliche Kirchen aufzuweisen. Daß wir noch weiter zurückgreifen dürfen mit der Annahme ihrer Gründungszeit, ist undenkbar, da selbst die Kirche von Lyon, die erste Etappe des Christentums auf dem Weg vom Mittelmeer nach Obergermanien, kaum früher entstand. Die Legende, die die Entstehung der Bistümer von Konstanz, Straßburg, Mainz, Köln u. a. auf Apostelschüler zurückführt, ist für uns heute gegenstandslos; ebensowenig brauchbar sind für die Frühzeit auch die meisten der überlieferten Bischofslisten. Wir sind also in bezug auf das Alter der oberrheinischen Bischofssitze lediglich auf die Unterschriften von Konzilsakten und auf andere einwandfreie Zeugnisse angewiesen, durchweg auf nur zufällig erhalten gebliebene Urkunden. Direkte Zeugnisse für den römischen Ursprung haben wir für die Bistümer Mainz und Köln wie die vier oberrheinischen; von Köln ist ein Bischof 313 und 314 auf den Synoden in Rom und Arles nachweisbar, nicht aber, was man erwarten sollte, auch ein Bischof von Mainz; ein solcher begegnet erst um 346. Speyer, Worms, Straßburg und Augst sind alle ebenfalls vertreten in der offenbar authentischen Liste, die der Fälschung eines sogenannten Konzils von Köln vom Jahre 346 zugrunde liegt. Es muß auch für diese Sitze von vornherein ein römischer Ursprung angenommen werden, da sie bereits im 4. und zu Beginn des 5. Jahrhunderts in die Hände der Alamannen kamen. Eine Entstehung ihrer Episkopalwürde in der Zeit der Alamannenherrschaft aber anzunehmen, ist ganz unmöglich. Die bischöfliche Gewalt basiert ganz ausschließlich auf der römischen Organisation und dem römischen Leben dieser Städte, sie umfaßt und stützt sich auf eigentliche Römer. Das war so sehr der Fall, daß zwei dieser Orte, Augst und Windisch, mit der Vertreibung der Römer zu völliger Unbedeutendheit herabsanken und als Bischofssitze denn auch bald ganz eingingen. Diese Bistümer deckten sich ihrem Umfang nach mit den in der Notitia Galliarum (Anfang des 5. Jahrhunderts) aufgezählten Distrikten der Provinz Germania Prima oder Superior, der Civitas Magontiacensium (Mainz), Civitas Nemetum (Speyer), Civitas Vangionum (Worms) und Civitas Argentoratensium (Straßburg), ferner mit den Distrikten oder Civitates der die Westschweiz umfassenden Provinz Maxima Sequanorum, Civitas Basiliensium (Basel) und dem Castrum Vindonissense (Windisch.) Daß das Dekumatenland in dieser die Organisation von Kirche und Reich zu Anfang des 5. Jahrhunderts illustrierenden Statistik nicht mehr vertreten sein kann, begreift sich nach dem endgültigen Verlust dieses Gebietes an die Germanen. Daß aber auch zur Zeit der Römerherrschaft das Christentum nirgends eine größere, geschlossene Mehrheit darstellte, darf man wohl aus der Tatsache schließen, daß sich in so bedeutenden Städten wie Lopodunum, Aquae und Sumelocenna (Rottenburg) keine bischöfliche Gemeinde in der Frühzeit organisieren konnte. Es war eben ein ausgesprochenes Diaspora= oder Stadtchristentum, das nur an die größeren Zentren römischer Kultur gebunden ist, von sehr schwankendem Bestand wie seine wenig seßhaften Bekenner, in seinen Vertretern wie seinem Wesen nach stark kosmopolitisch und vor allem mit starkem orientalischen Einschlag.

Zweites Kapitel.
Das Christentum in Baden in der Übergangszeit.

Die römische Grenzwehr des Dekumatenlandes erlitt 213 einen ersten heftigen Ansturm durch den bei dieser Gelegenheit zum ersten=

mal genannten Stamm der Alamannen oder Schwaben, die von ihren bisherigen Sitzen am Mittelmain immer ungestümer südwärts drängten. Der zweite Vorstoß vom Jahre 235, an dem sich diesmal auch die Franken beteiligten, brachte die Schutzwehr schon an vielen Punkten ins Wanken. Ums Jahr 260 endlich ist das Dekumatenland bis an den Rhein für die Römer endgültig verloren; auch die oberste Strecke der Donau lag schon Mitte des 4. Jahrhunderts im Gebiet der Schwaben, so daß die römische Grenzlinie damals durch den Rhein, Bodensee und Iller gebildet war. Schon in der Frühzeit des 4. Jahrhunderts werden uns hier an der Südgrenze drei alamannische Sonderstämme genannt, die Brisigavi und die Lentienses (wohl Bewohner des Linzgau) und die Juthungen an der oberen Donau. Die Vorwärtsbewegung der Alamannen war indes nach der Okkupation des alten Dekumatenlandes an der natürlichen Grenze von Rhein und Bodensee nicht zum Stehen gebracht; wir hören vielmehr während des ganzen 4. und 5. Jahrhunderts von schweren Einfällen ins linksrheinische Gebiet, so unter den Kaisern Julian, Valentinian und Gratian. Aber nicht immer war der immanis natio, wie das Alamannenvolk bei den Römern hieß, das Glück hold; 368 gelang es zwar dem Alamannenherzog Rando, Mainz und das gerade in den Kirchen versammelte und deshalb wehrlose Volk zu überfallen; auch bei anderen Gelegenheiten fielen ihnen neben reichen Schätzen in die Tausende zählende Gefangene in die Hände. Aber Julian brachte ihnen 355 eine sehr empfindliche Niederlage auf der linken Rheinseite bei und befreite bei dieser Gelegenheit 20000 (?) Gefangene; Valentinians Sieg fällt ungefähr 15 Jahre später und 378 wurde der Stamm der Linzgauer aus dem bereits okkupierten Raurikergebiet durch den Kaiser Gratian durch die Schlacht bei Horburg vertrieben und über den Rhein zurückgeworfen. Indes vom Beginn des 5. Jahrhunderts war die Widerstandskraft der Römer an ihrer natürlichen Grenze erschöpft. Katastrophenartig erfolgten jetzt ein halbes Jahrhundert hindurch die Einbrüche der verschiedenen germanischen Stämme in das linksrheinische Gebiet des römischen Reiches, deren Resultat sein endgültiger Verlust an die Barbaren ist. In der allgemeinen Verwirrung hat der Chronist manchmal kaum richtig geschieden zwischen den verschiedenen Einfällen, so daß es schwer heute ist, ein klares Bild vom Umfang der jeweiligen

Expedition und vom Anteil bestimmter Stämme zu gewinnen. Der erste große Vorstoß erfolgte 406 durch die Vandalen, Alanen und Burgunder, wodurch Germania I verloren ging; 408 drängten auch die Alamannen über den Rhein. Ihnen dürfte Straßburg damals zum Opfer gefallen sein. Auch Mainz ist damals oder kurz zuvor zerstört und nach des Hieronymus Bericht in der Kirche mehrere Tausend Menschen — doch wohl nicht lauter Christen, sondern auch Schutzsuchende — niedergemacht worden; Worms wurde nach längerer Belagerung vernichtet. In der nächsten Zeit müssen die Juthungen in Vindelicien eingedrungen sein, das ihnen aber 430 durch Aëtius wieder abgenommen wurde. Der größere Teil der Maxima Sequanorum, d. h. des südlich von Straßburg um Basel und Windisch gelagerten linksrheinischen Landes, scheint aber erst nach des Aëtius Tod 455 an die Alamannen gefallen zu sein. Beim weiteren Vorwärtsschieben nach Westen kam es zwischen Alamannen und Franken zu harten Kämpfen, die mit der entscheidenden Niederlage der ersteren um 500 (entweder 496 oder 506, oder beide Male in zwei verschiedenen Schlachten) ihr Ende fanden. Die Schlacht zählt zu den großen Entscheidungskämpfen der Geschichte; sie führte den Sieger Chlodwig und sein Volk dem orthodoxen Christentum zu und sicherte ihm das bleibende Übergewicht in der Gestaltung der politischen Geschicke der germanischen Stämme; das Volk der Alamannen hat dagegen dauernd jeden Einfluß darauf verloren. Seine physische Kraft war in der mörderischen Schlacht mitsamt dem Stammeskönig vernichtet worden; und wer dorten übrig blieb, kam in die Botmäßigkeit der Franken, die das ganze nördliche Gebiet von Alamannien, das Main- und untere Neckargebiet, Rheinhessen, das Elsaß und die nördliche Hälfte von Baden, im wesentlichen also das alte Dekumatenland, in Besitz nahmen; ein größerer Teil der Überlebenden hatte sich unter den Schutz Theoderichs, des neuen Herrn von Italien, geflüchtet, der ihnen in Raetia II, einer alten Provinz der Präfektur Italia, zwischen Donau und Alpen, Wohnsitze anwies und von Chlodwig sich die Zusicherung geben ließ, daß sie nicht belästigt werden sollten. Der in der Civitas Helvetiorum, einem Teil der Maxima Sequanorum, wohnende Stammteil endlich, das Gebiet von Basel und wohl auch noch Windisch, fiel den Burgundern zu. Aber schon 523 wurde nach

Besiegung der Burgunder durch die Franken ihr Anteil am alamannischen Gebiet von Theodorich in Anspruch genommen, 536 aber von Vitiges an die Franken abgetreten. Das Abhängigkeitsverhältnis war immerhin nicht so eng und demütigend, daß es die Bewegungsfreiheit der Alamannen aufgehoben hätte, sonst wären ihr Beutezug nach Italien 537 und die Hilfsexpedition, die die Alamannenherzöge Leuthari und Buzelin 553 für die Ostgoten gegen Narses ausrüsteten, nicht gut denkbar gewesen. Auch später noch bis fast in die Karolingerzeit läßt sich die Beobachtung machen, daß die über den Stamm jetzt herrschenden Herzöge ziemlich unbekümmert um die Franken walteten. Im allgemeinen aber waren mit dem Jahre 536 die Verschiebungen im Wechselverhältnis der zwei deutschen Stämme zueinander im wesentlichen abgeschlossen. Einen Nachklang dieser Vorgänge aber haben wir, wenn die Sprachforschung hier Recht hätte, vielleicht heute noch vor uns in den inselartig in dem fränkischen Gebiet eingelagerten Gruppen von alamannischen Ortsnamenendungen auf -ingen und -hausen, wie in der Nähe von Edenkoben und Germersheim oder die zersprengt in der pfälzischen Niederung liegenden gleich endigenden Siedelungen; ebenso wie in der ganz verschiedenen Lage der alamannischen und fränkischen Friedhöfe an einem und demselben Ort. In Neuenheim, Heidelberg, Wiesloch, Bruchsal ist der fränkische Friedhof an ganz anderer Stelle angelegt als der alamannische; wieder an anderen Orten wie in Wiesenthal, Kirchheim bei Heidelberg lassen sich Grabanlagen fränkischen Ursprungs nachweisen, die nicht älter als der Beginn des 6. Jahrhunderts sind. All diese Tatsachen zusammengenommen, zeigen, wie der Alamanne plötzlich mit dem Jahre 500 aus weiten Strecken seines früheren Territoriums verschwindet und sich in die Schwarzwaldtäler oder in die bis dahin wohl unbebauten Niederungen am Rhein und Neckar sowie in die ausgedehnten Waldgebiete der Ebene zurückzieht, indes der Franke die alten fruchtbaren Niederlassungen bezieht. Sobald jetzt der Wanderstrom der Stämme zum Stehen gebracht war, beginnt auch das Christentum unter dem Einfluß der Franken in das alamannische Gebiet seinen Einzug zu halten; langsam zunächst nur, namentlich da, wo die Alamannen in geschlossener Dichte saßen und keinerlei Reste einer früheren christlichen Kultur vorhanden waren.

Ob solche Reste überhaupt nach der Besitznahme des Dekumatenlandes und des linken Rheinufers durch die Alamannen sich halten konnten? Die Frage läßt sich nicht einheitlich beantworten, da die Verhältnisse zu verschieden in den einzelnen Landesstrichen des jetzt alamannischen Territoriums lagen. Irgendeine nennenswerte Annäherung an das Christentum ist bei diesem wilden Naturvolk im 4. und 5. Jahrhundert ganz ausgeschlossen. Die wenigen Nachrichten, die wir über sein Verhalten in jener Zeit haben, zeigen es fast immer als rücksichtslos gegen die Kirche wütende Barbaren. König Rando benützt 368 die Gelegenheit, da die Christen von Mainz in der Kirche zum Gottesdienst versammelt waren, die Stadt zu plündern; an dem Blutbad in der Mainzer Kirche, dem 406 oder 408 Tausende von Menschen zum Opfer fielen, sind jedenfalls auch Alamannen beteiligt gewesen. Und noch im 6. Jahrhundert stürzten sie auf einem mit den Franken unternommenen Zug nach Italien (553/54) über die Kirchen her, die sie der Kelche und der wertvollen Geräte, ja selbst der Bronzebedachung beraubten. Solche Vorgänge setzen voraus, daß diese Barbaren noch gänzlich im Heidentum steckten; als geschlossen heidnisch kennt sie auch noch um 570 der Historiker Agathias: wiewohl in politischer Hinsicht von den Franken abhängig, seien die Alamannen in religiöser Hinsicht völlig selbständig; noch verehrten sie gewisse Bäume, Flüsse, Anhöhen und Schluchten; in und auf ihnen brächten sie Pferde, Ochsen und andere Tiere in großer Anzahl als Opfer dar. Doch sei der Umgang mit den Franken von wohltätigem Einfluß auf sie und führe allmählich eine innere Wandlung herbei, die sich bei den Vernünftigeren bereits wahrnehmen lasse (I, 7). Diese Annäherung an das Christentum vollzieht sich eher bei den Führern des Volkes als bei diesem selbst. Der Verkehr der Vornehmen am fränkischen Hofe führte sie allmählich dem Christentum zu; schon im 5. Jahrhundert hören wir von dem einen oder anderen christlichen Herzog, so von Gibuld, der offenbar durch Umgang mit Ostgoten arianisch geworden war und besondere Verehrung für Severin bezeugte. Aber für die Frühzeit sind das seltene Ausnahmen, die an der Tatsache, daß der Stamm entschieden heidnisch noch war, nichts ändern. In den ersten Zeiten nach der Besitznahme des Dekumatenlandes dürfte der politisch-nationale Gegensatz gegen die Römer auch den religiösen noch verschärft haben. Weil das christliche Bekenntnis ihnen in der Person der verhaßten Römer entgegentrat, verbot sich allein schon aus politischen Gründen eine Annahme desselben. Aber daß es schon vereinzelte Christen im alamannischen Gebiet gab, sagt uns außer der oben erwähnten Stelle des Arnobius die Wahrscheinlichkeit. Die römischen Niederlassungen werden zwar, selbst so ausgedehnte feste Anlagen wie Lopodunum, Aquae, Badenweiler, Brigobanna, unter dem unwiderstehlichen Ansturm weggefegt und vernichtet worden sein; kein monumentales und literarisches Zeugnis gedenkt ihrer in den nächsten Jahrhunderten. Aber Reste von romanischer Bevölkerung haben sich zweifellos erhalten; es werden die ärmeren und unbedeutenderen der römischen Bevölkerung gewesen sein, die keine Mittel besessen, den allgemeinen Auszug mitzumachen. Auf den Vorhöhen und in den entlegeneren Tälern des Schwarzwaldes, wie in Welschensteinach, Waldulm, Sasbachwalden u. a. O., hat man lediglich auf Grund der Ortsnamen schon längst solche fremde Bevölkerungsreste vermutet; noch auffallender ist aber das starke Vorherrschen des romanischen Elementes in den solchen Bevölkerungsinseln benachbarten Klöstern, wie in Gengenbach, Schuttern, Schwarzach und Ettenheimmünster, und zwar bis weit herauf in die karolingische Zeit. Selbst wenn wir nach unsern bisherigen Darlegungen annehmen müssen, daß das Christentum im römischen Dekumatenland keine große Verbreitung hatte und so auch nicht in erheblicher Stärke an den entlegenen Zufluchtsorten eine, wenn auch nur kümmerliche, Fortdauer fristen konnte, so läßt sich doch die Vermutung, daß auch in unserem Lande es vereinzelte Christen gab, nicht von der Hand weisen. Die Grabfunde von Sasbach und von Heilbronn zwingen geradezu zu dieser Annahme. Aber auch durch die zahlreichen Beutezüge in das westliche, zum Teil schon christliche Gebiet kamen gewiß unter den oft nach Tausenden zählenden Sklaven viele Christen ins Land. Wenn Rando die Stadt Mainz überfällt zur Zeit, da sie infolge des Gottesdienstbesuches schutzlos war, wenn 408 in einer Mainzer Kirche viele Tausend Menschen betroffen werden, so legt sich ein solcher Schluß ohne weiteres nahe. Aber einem derartigen nicht bodenständigen Christentum wohnte weder eine stärkere Lebensfähigkeit noch auch innere Werbekraft inne. Ohne Anschluß an eine kirchliche Organisation, immer nur auf einzelne, Flüchtige und Geknechtete, gestellt, konnte es nur eine sehr kümmerliche Existenz fristen. Anders liegen freilich die Dinge in den linksrheinischen Grenzstädten oder in Vindelicien. In letzterem Gebiet erhielt sich die romanische und zu einem Teil schon christianisierte Bevölkerung auch trotz und nach der Einwanderung der Alamannen und führte den Faden der Tradition an Orten wie Augsburg, Kempten, auch Arbon im Thurgau ununterbrochen weiter. Gleiches gilt auch von den linksrheinischen Grenzstädten aus römischer Zeit. Sie blieben wohl durchweg im Besitz der bisherigen Bevölkerung, da die Alamannen nach mehrfacher Bezeugung hauptsächlich das flache Land aufsuchten und in Besitz nahmen, die umwehrten Städte aber mieden oder höchstens als Zielpunkt von Plünderungszügen betrachteten. Zu Anfang des 5. Jahrhunderts sind nun allerdings diese letzten Bollwerke römischer Macht gefallen und größtenteils auch zerstört worden. Aber die Traditionskette ist deswegen nicht abgerissen. Die ursprüngliche Bevölkerung hielt sich weiterhin an diesen Plätzen und mit ihr auch das schon vorhandene Christentum. Deutlich läßt sich dieser geschichtliche Sachverhalt für Mainz übersehen, das jüngst durch Freilegung der karolingischen Fundamentmauern der ehemaligen Albanskirche einen großen Teil seiner darin eingemauerten Grabsteine aus vorkarolingischer Zeit erhalten hat und so jetzt einen Bestand an monumentalen Zeugnissen von frühester Zeit bis herauf in die Zeit Karls des Großen aufzuweisen hat, der uns das Vorhandensein einer starken christlichen Gemeinde und einer wohlausgebauten kirchlichen Organisation für jedes Jahrhundert bezeugt, gleichzeitig auch das Einfluten der germanischen Elemente und Ersetzung der bisherigen romanischen Gemeinde durch eine fränkisch-germanische gut illustriert. Wir hören da bis ins 6. Jahrhundert nur römische Namen, Namen wie Maura und Crispinus (4. Jahrhundert), Rusticus, Leoncia, Saturnus, Bonosus, Ursus. Seit der Christianisierung der Franken begegnen fast nur noch fränkische Namen auf christlichen Grabsteinen, wie Munetrudis, Leutegundis (Ende 6. Jahrhunderts), die als Neugetaufte starb (in albis rapta), Gaerehold, Bertisindis, Randoald und Audolendus; Dructacharius, der neben „seiner Burg" beerdigt wurde; Adalharius, Radelindis. Im 7. Jahrhundert wird ein Presbyter Badegisel und bereits auch ein „Aba" Pertramnus genannt, wohl der Vorsteher einer vorbenediktinischen, nach dem Vorbild gallikanischer Klöster errichteten Asketenniederlassung. Als erster Bischof von Mainz ist aus der Mitte des 4. Jahrhunderts der hl. Martin bekannt; zur Zeit der Verwüstung der Stadt zu Anfang des 5. Jahrhunderts wird der Bischof Maximus genannt. Nach Mitte des 5. Jahrhunderts bezeichnet Salvian die Stadt als excisa und deleta. Trotzdem gab es in ihr 100 Jahre später nach dem Zeugnis des Venantius Fortunatus „alte Kirchen", die reparaturbedürftig waren. Es ist also hier der Fortbestand der Besiedelung und damit auch des Christentums trotz aller Völkerwanderungsstürme unzweifelhaft festgestellt. Nicht so klar können wir bei den übrigen Christengemeinden des linken Rheinufers in Oberdeutschland sehen. Es ist nicht ausgeschlossen, daß unter den furchtbaren Vorstößen der germanischen Stämme alles, was an römischer Kultur und römischem Geist vorhanden war, zertrümmert wurde; so etwa könnte man die Tatsache erklären, daß während für Straßburg und Speyer Bischöfe um die Mitte des 4. Jahrhunderts nachweisbar sind, die nächstbekannten erst Ende des 6. oder Anfang des 7. Jahrhunderts begegnen. In Straßburg wird erst um 600 ein Bischof Arbogast genannt und auf der Synode von Paris 614 Ansoald; bei letzterem Anlaß hören wir auch wieder von einem Speyerer Bischof Hilderich und von einem Wormser Bertulf. Aber selbst wenn man zugeben könnte, daß die politische wie kirchliche Kontinuität dieser Städte zeitweilig unterbrochen war, wird man nicht annehmen dürfen, daß diese Unterbrechung lange gedauert hat oder gar daß diese Bischofssitze erst eine Schöpfung des 6. Jahrhunderts waren, also einer Zeit des tiefsten Verfalles und völligster Unsicherheit. Alles, was wir wissen von diesen Gemeinden, weist darauf, daß ihre bischöfliche Würde auf die römische Zeit zurückgeht; eine derartige Organisation kann aber unmöglich aus einer Zeit stammen, da die Bevölkerung keinen Augenblick sicher davor war, vertrieben oder hingemordet zu werden. Bei Worms wissen wir zudem durch Orosius genau, daß nach dem furchtbaren Alamanneneinfall (406) die Burgunder, die sich im Gebiet der Stadt wenige Jahre darnach festsetzten, samt und sonders durch das Beispiel der christlichen Bevölkerung bestimmt, zum Christentum übertraten und willig sich dem Klerus der Gemeinde fügten; auch die noch auf der rechten Rheinseite wohnenden Stammesangehörigen sind um 430 kurz vor einem Zusammenstoß mit den Hunnen diesem Beispiel gefolgt. Wir haben hier den ersten germanischen Stamm, der auf deutscher Erde dem römischen Bekenntnis christlichen Glaubens sich anschloß; nachhaltigeren Einfluß auf die Christianisierung des Landes hat freilich dieser Schritt nicht ausgeübt, da schon bald nach 435, nach der vernichtenden Niederlage durch die Hunnen, die Reste des burgundischen Volkes vom Rheine weg nach der Rhone zogen. Ob irgendwelche kleineren Bestandteile mit der alten Bevölkerung zusammen im Wormser Gebiet noch wohnen blieben, läßt sich schwer sagen; die auffallend vielen Inschriften mit germanischen Namen aus dem 6. und 7. Jahrhundert (Lubino, Grutilo, Pauta, Puasi, Avito, Siggo, Boddi, Jvio, Unsachlas, Albualahi), während römische gänzlich fehlen, könnten es nahelegen, die Frage zu bejahen. Aber wahrscheinlicher haben wir hier die ersten Christen des im 6. Jahrhundert hier eingezogenen fränkischen Stammes vor uns.

Noch schlimmer und mangelhafter sind die Zeugnisse für die christliche Kultur in dieser Übergangszeit weiter am Oberrhein hinauf. Hier hat sich nach dem Zusammenbruch der römischen Herrschaft in den zwei Lagerstädten Windisch und Augst wenigstens die alte Bevölkerung zu halten vermocht, aber es war ein derart kümmerliches Dasein, daß nach der Beruhigung der Verhältnisse unter den Alamannen beide Orte jede Bedeutung verloren und ihre Bischofssitze eingehen bzw. transferiert werden mußten. Schon dieser Wandel ist Grund genug, ihre Gründung noch in die römische Zeit zu verlegen. Zwar ist die älteste Bezeugung des Bistums Windisch erst vom Jahre 517, dem Jahr der Synode von Epaon, an der Bischof Bubulcus teilgenommen hat. Aber nach dem Einfall der Alamannen konnte eine solche Gründung überhaupt nicht mehr erfolgen, ganz abgesehen davon, daß kein Bedürfnis mehr vorlag, in dem jeder Bedeutung und jedes Ansehens und wohl auch eines großen Teils seiner Bevölkerung verlustig gegangenen Ort einen Bischofssitz zu errichten. Hier wie in dem nahen Augst löste sich darum bald das römische Volkselement völlig in dem einheimischen auf; der nationale Gegensatz milderte sich oder schwand ganz, sei es, daß die burgundische bzw. ostgotische Oberherrschaft vermittelnd zwischen Römer und Alamannen wirkte, sei es, daß sich letztere als Schutzsuchende jeder Gewalttätigkeit von selbst enthielten. Mit dem Fortfall des nationalen Gegensatzes war aber auch einem etwa bestehenden religiösen die Hauptunterlage entzogen. Es begegnen darum schon früh, jedenfalls vor der eigentlichen Bekehrung des Stammes, auf den spätchristlichen Inschriften von Windisch und Augst germanische Namen wie Linculfus und Radoara. Als ältester Bischof von Augst-Basel ist Ragnacharius nachweisbar, der in des Jonas Vita Columbae als episcopus Augustanae et Basileae auftritt, ein Beweis, daß damals schon die Translation des Sitzes nach Basel, wenn nicht schon vollzogen, so doch angebahnt war. Der erste bekannte Bischof von Windisch, Bubulcus, wohnt der burgundischen Synode von Epaon an, da das Gebiet von Windisch zu Anfang des 6. Jahrhunderts für kurze Zeit zu Burgund gehörte; der zweite Bischof, der sich feststellen läßt, Grammatius, besucht bereits fränkische Synoden (die von Orléans 541 und 549), da seit den dreißiger Jahren jenes Jahrhunderts die Franken den burgundischen Besitz an sich genommen hatten. Unter diesem Bischof scheint in bezug auf seine Residenz eine bemerkenswerte Änderung vorgenommen worden zu sein; wir hören von jetzt an, also von Mitte des 6. Jahrhunderts, nichts mehr von einem Bischof von Windisch, nur in einer schwer verständlichen Inschrift wahrscheinlich des 9. Jahrhunderts an der Martinskirche wird ein Bischof Ursinus noch genannt, der in den Bischofslisten des Konstanzer Bistums gewöhnlich an dritter Stelle rangiert.

Diese Inschrift ist indes zu wenig klar, als daß daraus irgendwelche Schlüsse in bezug auf die Translation des Windischer Bischofssitzes gezogen werden können; am einfachsten hat man die Schwierigkeiten dadurch umgangen, daß man Ursinus für einen Chorbischof von Windisch ausgegeben hat; auf das alte Prestige der einstigen Bischofsstadt wäre also so noch Rücksicht genommen worden, daß man wenigstens einen Hilfsbischof dorthin ernannte. Da indes der Grund der Verlegung des Bistums nur in dem gänzlichen Verfall des Ortes gesucht werden kann und Windisch tatsächlich das ganze Mittelalter hindurch nicht mehr als ein unbedeutendes Dorf war, läßt sich auch nicht leicht absehen, was ein Chorbischof dort zu bedeuten gehabt hätte.

Nach gewöhnlicher Annahme ist bald nach der Mitte des 6. Jahrhunderts der Bischofsstuhl von Windisch nach Konstanz übertragen worden. Diese Vermutung stützt sich auf die Tatsache, daß in der zweiten Hälfte dieses Jahrhunderts die Bischofsreihe von Konstanz einsetzt, ohne daß irgendeine Nachricht über ihre Begründung oder ein entsprechendes Motiv dafür bekannt geworden wäre. Die Wurzeln des Episkopats vom Bodensee verlieren sich so im Dunkel frühalamannischer Geschichte; und da der Stammbaum der Bischöfe von Windisch um diese Zeit abstirbt, lag es nahe, ihn am zukunftsfrohen Bodensee wieder neu aufsprießen zu lassen. Die Konstanzer Bischofsliste des 12. Jahrhunderts nennt als die drei ersten Kirchenfürsten Maximus, Ruodelo und Ursinus, von denen keinerlei Daten bekannt sind. Da der Tod des vierten, Gaudentius, in die Wirkungszeit des hl. Gallus am Bodensee fällt, also ins erste Viertel des 7. Jahrhunderts, werden wir seine drei Vorgänger und die durch Bischofsliste bekannten Glieder des Konstanzer Episkopats noch im 6. Jahrhundert unterbringen müssen. Nun ist neuestens dieser Hypothese eine andere schon von Duchesne angeregte durch Besson entgegengesetzt worden: die Hypothese von einer Translation des Windischer Bistums nach Avenches bzw. nach Lausanne. Man hat sich zu ihrer Begründung auf das rechtsgeschichtliche Prinzip berufen, daß eine Translation nur innerhalb einer Civitas, also eines größeren Distrikts, mindestens innerhalb einer Provinz, nie aber von einer Provinz zur andern, wie es bei Windisch und Konstanz der Fall wäre, stattfinden könne. Man führt des weiteren die Tatsache an, daß ein Bischof Grammatius auf einer Synode von Clermont vom Jahre 535 als Bischof der Kirche von Avenches unterzeichne; es liegt nahe, diesen Grammatius mit dem Bischof Grammatius von Windisch zu identifizieren, der von den zwei Synoden von Orléans vom Jahre 541 und 549 bekannt ist. Als nächster Bischof der Kirche von Avenches begegnet in den achtziger Jahren des 6. Jahrhunderts Bischof Marius, der aber wieder eine Translation vornehmen mußte nach Lausanne, spätestens zu Anfang des 7. Jahrhunderts. So gut fundiert diese neue Theorie auch ist, so lassen sich doch eine Anzahl schwacher Punkte nicht übersehen. Schon die Annahme einer doppelten Translation innerhalb eines halben Jahrhunderts ist etwas Ungewöhnliches und mit dem überaus konservativen Geist, der sonst in den Traditionen der Bistümer wahrzunehmen ist, nicht gut zu vereinbaren. Wenn sodann Grammatius es ist, der die Translation vollzogen hat, bleibt es befremdlich, weshalb er sich 535 nach

seinem neuen Sitz benennt, 6 bzw. 14 Jahre später aber nochmals
und zwar ausschließlich, nicht etwa mit Beifügung von Avenches, nach
dem aufgegebenen. Am schwersten ins Gewicht fällt sicherlich das
rechtsgeschichtliche Moment, daß Windisch und Avenches innerhalb
einer Civitas liegen, der Civitas Aventicae oder Civitas Vin-
donissensis oder Civitas Helvetiorum, nicht aber Windisch und
Konstanz, welch letzteres zum Reichsteil Italien bzw. zur Provinz
Raetia II gehörte. Indes wurde gerade Windisch, wie man an-
nimmt um die Mitte des 6. Jahrhunderts, von der Civitas
Aventica getrennt und bildete das ganze Mittelalter hindurch ein
Dekanat des Bistums Konstanz. Damit ist doch jenes rechtsgeschichtliche Prinzip in seiner eigentlichen Bedeutung aufgehoben,
bzw. zugunsten von Konstanz umgewandelt, während es bei Annahme der Hypothese Windisch-Avenches schwer verständlich bleibt,
weshalb man den bisherigen Sitz des Bistums völlig lostrennte
und ihn einem Sprengel zuteilte, der keinerlei näheren Beziehungen
zu dem alten Bistum gehabt haben soll. Als unbestreitbare Tatsache jedenfalls darf es gelten, daß nach der Mitte des 6. Jahrhunderts am Oberrhein zwei neue Bistümer auftauchen, Konstanz
und Avenches-Lausanne, wovon eines wie das andere den Anspruch
erhebt, die Kontinuität von Windisch zu wahren. Für Konstanz
spricht der Umstand, daß der Titularsitz des alten Bistums seit alters-
her zu seinem Sprengel als Dekanat gehörte; für Avenches die
Namensgleichheit eines als Bischof von Avenches und als Bischof
von Windisch zeichnenden Kirchenfürsten Grammatius, wengleich
die Annahme einer Identität einigen Schwierigkeiten unterliegt.

Wenn wir nach den bisherigen Darlegungen die Verhältnisse
in Baden vor dem Einsetzen einer geregelten Missionstätigkeit nochmals übersehen, so gewinnen wir dabei folgendes Bild. Die nördliche Hälfte Badens, die zum Frankenreich gehörte, stand nach
Chlodwigs Übertritt dem Christentum offen, wenn auch hier in
einem fast geschlossen heidnischen und eben erst okkupierten Gebiet
die Christianisierung nur langsamere Fortschritte machte gegenüber dem austrasischen Teil des Reichs. Es fehlen uns leider
für die älteste Zeit fränkischer Besiedelung Nachrichten jeglicher
Art, so daß wir nur nach den Verhältnissen weiter im Westen
beurteilen können, wie die Entwickelung auch hier vor sich gegangen ist. Als einflußreichste Sendboten des christlichen Glaubens

erwiesen sich in diesen neuen Reichslanden die zahlreichen Krongüter und Königshöfe, deren ursprüngliche Bedeutung zum Teil heute noch in den Namen der daraus erwachsenen Ortschaften, Königshofen, Königheim, Königschaffhausen u. a., festgehalten ist. Diese Königshöfe waren die Sammelstellen für die zu entrichtende Osterabgabe. Mit dem Königshof oder dem Krongut war auch stets die Kirche für Soldaten und Angestellte verbunden, die durch ihr Dasein schon Propaganda machte. Andere Königshöfe lassen sich u. a. nachweisen: in Nußbach, das frühe kirchlicher Mittelpunkt für das ganze Renchtal wurde, Kirchen bei Lörrach (gleichfalls mit alter Kirche und dem Dekanat den Namen gebend), Kirchen bei Engen; Liel (2 Basilica im 9. Jahrhundert nachweisbar), Riegel, Endingen, Bahlingen, Vallator bei Stollhofen, Badenweiler, Gengenbach, Schwarzach, Baden-Baden, Kenzingen, Donaueschingen, Klengen, Löffingen, Pfohren. Wie im Nordosten Badens gegen das alamannische Gebiet der königliche Besitz (Osterburken, Heilbronn) sehr ausgedehnt war, so scheint auch an der südlichen Grenze der fränkischen Okkupation, in Mittelbaden, im badischen Vorland von Straßburg, gleichfalls ausgedehnter Fiskalbesitz gelegen zu sein. Nur so läßt sich verstehen, daß hier die frühesten und zahlreichsten Klöster (Ettenheimmünster, Schuttern, Gengenbach, Honau, Schwarzach), gewissermaßen die vorgeschobenen Punkte christlicher Kultur in heidnischem Gebiet, entstanden sind. So dürfte es auch zu erklären sein, daß die Ortenau von Anfang an zur Straßburger Diözese gezogen wurde mit den Kapiteln Ottersweier, Lahr und Offenburg, während in ältester Zeit die Bistumsgrenzen kaum über den Rhein gegriffen haben. Ebenso gingen auch die Grenzen des Sprengels von Speyer und Worms bis an den Neckar oder die Tauber, durchschnitten also der Quere nach ursprünglich alamannisches Gebiet. Den Weg frühfränkischen Einflusses können wir noch heute genauer übersehen an den zahlreichen Martinskirchen (Osterburken, Königheim, Königshofen, Külsheim, Oberlauda u. a.), die überall die fränkischen Kolonnen und Beamten begleiteten. In zweiter Linie kommen hiefür auch andere Kirchentituli fränkischer Provenienz, wie der des hl. Remigius, Hilarius u. a. in Betracht. Auch in das geschlossen alamannische Gebiet sehen wir solche fränkische Besitzeinsprengungen vordringen. Wir treffen fränkische Höfe in Heidenhofen, am Kaiserstuhl wie in Königschaffhausen, Riegel, Endingen und selbst im Schwarzwald wie in Löffingen und Bräunlingen (St. Remigius), wo der fränkische Besitz durchweg an eine römische Villa anknüpfen konnte und wo wir auch ausnahmslos die fränkische Martinskirche oder Hilariuskirche vorfinden. Auf die religiöse Haltung des alamannischen Volkes werden aber solche älteste Stützpunkte des Christentums zunächst um so weniger einen weiteren Einfluß ausgeübt haben, als der Klerus dieser Kron- und Herrenkirchen kaum irgendwelche Propaganda über die Pastoration der christlichen Franken hinaus entfaltete. Man hat zwar von Missionskirchen in dieser Frühzeit schon gesprochen und darunter diese Eigenkirchen des Krongutes und der Herrenhöfe verstanden; aber das widerspricht allem, was wir von der Wirksamkeit dieser Eigenkirchenkleriker wissen. Während das fränkische Volk nach dem entscheidenden Schritt seines Königs christlich erscheint, so dünn dieser Firnis auch lange Zeit gewesen sein mochte, gewahren wir bei den Alamannen, daß die Masse noch zu Anfang des 7. Jahrhunderts, da Columba und Gallus eine regelrechte Missionstätigkeit unter ihnen entfalteten, noch heidnisch war, wenn auch Einsickerungen des Christentums damals schon wahrzunehmen sind. Bei ihrer Ankunft zu Tuggen am Züricherfee treffen die beiden Heiligen die Alamannen gerade zu einem Bieropfer versammelt, das sie in einer 26 Maß haltenden Kufe dem Wodan darzubringen im Begriff standen. Einige dieser Opfernden waren, wie sich herausstellte, bereits getauft. Am ehesten vermochte das Christentum die Vornehmen des Stammes zu gewinnen; ihr häufigerer Verkehr mit den Franken oder gar am fränkischen Königshof führte von selbst eine Annäherung an die neue Lehre herbei. Die alamannischen Herzöge waren darum zu einer Zeit schon christlich, da das Volk noch großenteils dem angeerbten Götterglauben anhing. Die tatenkühnen Stammeshäuptlinge, das Brüderpaar Buzelin und Leuthari, die mit K. Theudebert den Verzweiflungskampf der Ostgoten in Italien unterstützen sollten und dabei fielen (553), sind zwar noch Heiden, wie ihre Untergebenen, die in wilder Gier die Kirchen plündern. Aber Herzog Gunzo zu Iburninga (Überlingen) ist zur Zeit des hl. Gallus unzweifelhaft christlich und auch nach anderer Quelle wird uns für die gleiche Zeit (Regierung Dagoberts I.) das christliche Bekenntnis der alamannischen Herzogsfamilie bestätigt. Eine ala-

mannische Vornehme, Framehild, die den Pfalzgrafen Dagoberts I.,
Badefried, heiratet, ist eine eifrige Christin. Christliche Spuren
finden sich schließlich auch spärlich in dem ältesten Versuch, die
Rechtssatzungen der Alamannen festzulegen, im Pactus Alamannorum vom Ende des 6. Jahrhunderts. Die Aufschrift dieser
ältesten geschriebenen Rechtsnorm der Alamannen wie die Eingangsworte Et sic convenit kennzeichnen sie als eine Abmachung
zwischen den Alamannen und ihrem neuen Oberherrn, dem Frankenkönig. Das Volk behält offenbar seine bisherigen Rechtsgewohnheiten, die ihrem ganzen Wesen nach noch heidnisch sind (Kauf
der Frau, Eid auf die Waffen u. a.); es verpflichtet sich nur zur
Heeresfolge den Franken gegenüber und sieht auch schon die Möglichkeit vor, daß Unfreie in Kirchen freigelassen werden können,
wie es sonst durch Einreihung ins Heer zu geschehen pflegt (si
litus fuerit in ecclesia aut in heris generationis dimissus, fuerit
13 solidos et tremisso componat). Das Vorhandensein von
Kirchen im geschlossen alamannischen Gebiet ist darnach unbestreitbar. Aber es sind Kirchen, zu denen der Alamanne noch keinerlei
inneres Verhältnis gewonnen hat. Wir hören nichts von einem
Besitz- und Asylrecht der Gotteshäuser, oder von dem Recht der
an den Kirchen angestellten Kleriker; all diese Fragen berührten
den Alamannen nicht, weil die in seinem Land errichteten Kirchen
fremden Ursprungs waren und so wohl auch fremdes Recht genossen. Nur eine Art profanes Hoheitsrecht der Kirche wird durch
den Pactus verbrieft: das Recht, das sonst nur dem König zustand,
Unfreie frei zu machen. 100—150 Jahre später hat sich dieser
Zustand völlig geändert. Die zweite Formulierung der alamannischen Rechtssatzungen aus der 1. Hälfte des 8. Jahrhunderts
zeigt uns ein seiner Masse nach christliches Volk; der Grundzug
des neuen Gesetzes ist christlich wie der des alten heidnisch war.
Dieser Umschwung ist weniger der langsamen Durchdringung des
alamannischen Stammes durch fränkischen Einfluß, denn durch eine
systematische Missionierung herbeigeführt worden.

Drittes Kapitel.
Die Einführung des Christentums im alamannischen Baden durch iro-schottische Missionare.

Die Christianisierung der südlichen Hälfte von Baden ist ein Werk der iro-schottischen Mönche, die von heiliger Begeisterung getrieben sich zunächst nach dem gallisch-fränkischen Gebiet wandten und von da meist auf Anregung der fränkischen Könige nach den östlichen Teilen des Frankenreiches, hauptsächlich nach Alamannien. Es handelte sich für die Könige hierbei um Festigung ihres politischen Einflusses in dem eben erst gewonnenen Gebiet und das wirksamste Mittel dazu war für sie Einheit des religiösen Bekenntnisses. Ihre Werkzeuge, die Mönche aus Irland und Schottland, waren ihrem ganzen Charakter nach verschieden von den gallischen Mönchen, die wie die orientalischen Asketen ein völlig aktionsloses Dasein führten, in Gebet und Bußübung ihren eigentlichen Lebenszweck erblickten und jeder Einflußnahme auf ihre Umgebung sich enthielten. Im Gegensatz dazu bringen die Insulaner, in denen der Geist und das Beispiel des großen Patrick fortwirkte, alle Erfordernisse eines Missionarius Apostolicus mit sich, vor allem eine Unerschrockenheit vor allen Gefahren und Entbehrungen und einen rastlos unsteten Wanderbetrieb, aber auch eine aufs Praktische und Einfachste gehende Lebensrichtung und Auffassung der christlichen Lehre. In dieser Unstetigkeit lag aber auch eine Gefahr für ihre eigenen Schöpfungen und die Notwendigkeit, daß, nachdem der Boden einmal gerodet und die Samenkeime ausgestreut waren, der viel stabilere Benediktinerorden diese Saat zur weiteren Förderung und Pflege übernahm. In dieser nomadenhaften Pflanzung des ältesten germanischen oder alamannischen Christentums ist auch der Grund zu suchen, weshalb keinerlei monumentale Erinnerungen von der römischen Übergangszeit bis herauf ins 9. Jahrhundert vorhanden sind. Die einzige unverwischt gebliebene Spur dieser über das alamannische Gebiet unter fränkischer Protektion vor sich gehenden Missionierung sind die Kirchen- und Klostertituli. Wie die Kron- und Herrenhöfe der Franken durch die Kirchenpatrone von rein fränkischer Herkunft gekennzeichnet sind, so auch der Weg jener Missionäre. Vielleicht beruht die historische Bedeutung des ersten uns durch die Legende genannten irischen Sendboten, des hl. Fridolin, nur in der Gründung solcher Kirchen mit dem Patronat des hl. Hilarius. Die Legende schreibt ihm außerdem noch die weitere Rolle eines Klostergründers in Säckingen zu.

Nach dieser Legende hat sich Fridolin, der Sprößling eines berühmten irischen Adelsgeschlechtes, ausgerüstet mit allem Wissen der Welt, früh dem Dienste Gottes zugewandt, anfangs als Missions- und Bußprediger in den Flecken seiner Heimat. Um jeder Regung der Eitelkeit vorzubeugen, floh er ins Ungewisse übers Meer und kam nach Poitiers, wo das Andenken des hl. Hilarius noch lebendig war, sein Heiligtum aber wie die Stadt infolge der Verwüstungen durch Vandalen und Westgoten in Trümmer lag und der hl. Leib überhaupt unauffindbar war. Tag und Nacht betete Fridolin, daß die kostbare Reliquie wieder gefunden und die Kirche darüber wiederhergestellt werden könne. Durch eine nächtliche Vision wurde ihm vom hl. Hilarius Erfüllung seiner Bitte zugesagt, nur müsse er mit dem Bischof von Poitiers zuerst zum König gehen. Vorher noch zum Abt des Hilarienklosters ernannt, suchte er König Chlodwig auf, der ihm kräftige Unterstützung und Wiederherstellung der Kirche des hl. Hilarius zusagte. Durch ein bei Tisch gewirktes Wunder (ein zerbrochener kostbarer Pokal wird wieder zusammengefügt) bekehrte er viele an der königlichen Tafel sitzende Heiden und Gäste, die nicht an die hl. Dreifaltigkeit glaubten (Arianer). Reich beschenkt, kehrte er nach Poitiers zurück; der Leib des Heiligen wird aus dem Schutt erhoben und eine neue prächtige Kirche darüber errichtet. In der Nacht vor der feierlichen Konsekration, in der Fridolin und der Bischof in der Kirche verweilen, gewahren sie, wie Engel den hl. Leib an seinen Bestimmungsort übertragen. Eine neue Vision fordert Fridolin auf, sein Versprechen zu halten und mit einem Teil der Reliquien des hl. Hilarius nach Alamannien zu pilgern, auf einer rheinumflossenen Insel zu wirken und ein Gotteshaus zu errichten, die Obsorge für die Kirche in Poitiers aber seinem Neffen zu überlassen. Unter größter Bestürzung der Einwohnerschaft zog er von dannen und ließ sich erst vom König unbeschränkte Vollmacht über die Stätte seiner künftigen Wirksamkeit erteilen. Der Weg führte zunächst nach der Mosel, wo er in Helera ein Hilariuskloster gründete; dann

nach den Vogesen und nach Straßburg, wo er jeweils eine Hilariuskirche errichtete; durch Burgund ging es weiter nach Rätien. In
Chur, wo durch ihn ebenfalls eine Hilariuskirche erstand, hörte
er von der gesuchten Rheininsel, die er nach großen Anstrengungen
fand. Hier auf dem Weideplatz der Uferbewohner beim Herum-
wandern als Viehdieb betrachtet, wird er mit Knütteln ver-
jagt. Er begab sich jetzt nochmals zum König und ließ sich klare,
durch Todesandrohung gegen jeden Opponenten verschärfte Voll-
machten geben. Der Bericht der Legende stützt sich für die weiteren
Schilderungen, wie ausdrücklich versichert wird, auf die Lokaltradition, die uns von einem Wunder zum andern führt. Nach
der Rückkehr zur Alamanneninsel findet er nach einigen Schwierigkeiten Aufnahme bei einem Uferbewohner Wacherus, dessen Tochter,
später die erste Nonne des Frauenklosters, er taufte. Während sich
Fridolin an die Gründungen machen will, stirbt König Chlodwig,
worauf die heidnischen Anwohner neuerdings rebellieren, bis ein
auffälliges Wunder, die Verlegung des einen Rheinarmes zum
Schaden der Bewohner, sie zur Vernunft brachte. Jetzt endlich
konnte Kirche und Kloster zu Ehren des hl. Hilarius gegründet
werden. Fridolin wirkte noch mancherlei, teilweise etwas groteske
Wunder; nach segensreicher Tätigkeit und heiligmäßigem Wandel
starb er am 6. März. An seinem Grabe ereigneten sich bald zahlreiche wunderbare Geschehnisse: Heilung von Kranken und Prest-
haften, Errettung der Stadt und der Kirche vor Feuersbrunst und vor
den Einfällen der Heiden.

Aufgezeichnet wurde diese Legende von einem Hörigen des
Klosters Säckingen, Balther, der sie seinem einstigen Lehrer Notker
(wohl Physicus † 975) in St. Gallen widmete. An der Geschichtlichkeit dieses Balther läßt sich heute wohl nicht mehr zweifeln;
als Zeit der Abfassung käme etwa die 2. Hälfte des 10. Jahrhunderts in Betracht. Anders steht es mit dem geschichtlichen Wert
der von ihm hinterlassenen Fridolinsvita. Balther beruft sich zwar
auf Quellen und zwar für den ersten größeren Teil der Legende
auf eine Vita, die er auf seinen Wanderungen im Kloster Helera
gefunden habe, für den zweiten mit Wundern gefüllten Teil auf die
Lokaltradition von Säckingen. Jene Vita habe über einen hl.
Fribold gehandelt, dessen Identität mit Fridolin aber dadurch sicher-
gestellt sei, daß ihm die Gründung von Helera und Säckingen zu-

geschrieben werde. Auch Säckingen habe früher eine solche Vita des hl. Fridolin und des hl. Hilarius besessen, beide seien aber bei einem Hunneneinfall zugrunde gegangen. So beschließt Balther seinem Heimatskloster wieder einen Ersatz zu verschaffen. Er bekommt die Handschrift aber nicht geliehen; auch kann er in Helera weder Pergament noch Tinte finden. So lernt er den Text auswendig und schreibt ihn zu Hause, wenn nicht wörtlich, so doch sinngetreu, nur in bäuerlicher Ausdrucksweise, nieder.

Trotz dieser stark betonten Versicherung, einer authentischen Quelle gefolgt zu sein, ist das Vertrauen zu Balthers Schilderung von jeher in fachmännischen Kreisen recht gering gewesen. Wenn man auch von dem etwas romanhaften Vorwort absehen wollte, so trägt der ganze Bericht durchweg die typischen Legendenzüge an sich: visionäre Offenbarung der in Vergessenheit geratenen Reliquien eines Heiligen, deren Translation durch Engel, Wunsch des Heiligen, möglichst viele Kirchen zu seinen Ehren errichtet zu sehen. Schwerwiegender noch sind die geschichtlichen Unwahrscheinlichkeiten. Der König Chlodwig kann niemand anders sein als der erste große Frankenkönig. Fridolins Wirksamkeit in Poitiers muß nun, schon um noch zeitlichen Raum für die späteren Geschehnisse zu bekommen, vor das Jahr 507 gesetzt werden, also in eine Zeit, da Poitiers noch westgotisch und arianisch, eine weitergehende Einflußnahme Chlodwigs auf die dortigen Verhältnisse also ausgeschlossen war. Man hat diese Schwierigkeit durch die Annahme wegzuräumen gesucht, Chlodwig habe durch seine Einmischung schon im voraus der künftigen Wegnahme von Poitiers vorgearbeitet und da Fridolin dieses Bestreben zu unterstützen und zu verschärfen suchte, sei er bei den Westgoten in Verdacht gekommen und zur Flucht genötigt worden, ein Faktum, aus dem die Legende den durch übernatürliche Vision herbeigeführten Wegzug konstruiert habe. Noch unverständlicher ist aber Chlodwigs Verfügung über die noch unbekannte Rheininsel Alamanniens. Hier hätte der Frankenkönig ohne Einschränkung über ein Gebiet disponiert, das burgundischer, wenn nicht ostgotischer Besitz war, einen Akt also vorgenommen, der unfehlbar zu ernsten Konflikten mit seinen Nachbarn, wenn nicht gar mit seinem mächtigen Schwager Theoderich hätte führen müssen. Aus der auffällig häufigen und starken Betonung der Autorisation und Legitimation der Gründung Fridolins durch den ersten christlichen Frankenkönig dürfte sich aber eines leicht ergeben, das Bestreben, für das alte Alamannenkloster einen möglichst frühen und mächtigen Ahnherrn nachzuweisen. Das Kloster Säckingen wird 878 zum erstenmal erwähnt in einer Urkunde Karls III. und zwar als königliches Kloster. Es lag nahe, diesen Charakter auf eine königliche Stiftung zurückzuführen und sie möglichst weit zurückzudatieren. Wie man in Rom alle bedeutenderen Stiftungen und wie man besonders die Zuwendung des Kirchenstaates an den päpstlichen Stuhl dem ersten christlichen Kaiser zuschrieb, so mußte auch der erste christliche Frankenkönig die Säckinger Gründung mit seinem Namen und Ansehen decken.

Es braucht deshalb die Geschichtlichkeit Fridolins keineswegs in Frage gestellt und seiner Vita durchaus nicht jeder geschichtliche Wert abgesprochen zu werden. Es finden sich Züge in ihr, die das Kolorit der Zeit Chlodwigs richtig wiedergeben und die ein Legendenschreiber des 10. Jahrhunderts unmöglich aus sich schöpfen konnte, so die Schilderung der Zustände in Poitiers in der letzten Zeit der Westgotenherrschaft oder die richtige Zeichnung der aus Heiden und Arianern noch teilweise zusammengesetzten Hofgesellschaft, die wiederholte Bezugnahme auf den Arianismus, die für das 10. Jahrhundert ganz unverständlich wäre.

Der Kompilator Balther muß also eine Quelle vor sich gehabt haben, die die Tradition von Poitiers enthielt und die spätestens im 6. Jahrhundert entstanden ist. Daß es eine solche Tradition gab, zeigt uns ein weiterer Benützer derselben im 11. Jahrhundert, Petrus Damiani, der um 1060 in Poitiers eine Predigt über die Translation der Reliquien des hl. Hilarius hielt. Er erzählt darin in summarischer Form die Wirksamkeit des hl. Fredelinus, des Abtes des Hilariusklosters in Poitiers, die ihm dort gewordenen Visionen und seine schließliche Berufung nach der Insel Gallinaria. Bei der sonstigen genauen Übereinstimmung dieser Version mit Balthers Erzählung fällt die Abweichung in der Benennung des letzten Bestimmungsortes des Heiligen immerhin auf; man wird daraus aber kaum auf zwei verschiedene Persönlichkeiten schließen dürfen; eher dürfte ein Schreibfehler eines Kopisten oder ein Gedächtnis- oder Hörfehler vorliegen, der um so verständlicher wäre, als Damiani ausdrücklich versichert, nicht einer schriftlichen in Poitiers fehlenden Quelle, sondern der dortigen mündlichen Tradition gefolgt zu sein.

Schälen wir den historischen Kern aus der legendarischen Umwucherung heraus, so haben wir in Fridolin jedenfalls eine geschichtlich gesicherte Persönlichkeit, einen der irischen Missionäre vor uns, der sich die Forderung und Ausbreitung des Hilariuskultes zur besonderen Aufgabe gemacht haben muß, und sicherlich noch in merowingischer Zeit, da die Pflanzung von Kirchen dieses Patronates im fränkischen Gebiet parallel ging mit der der Martinskirchen, als das wirksamste Mittel der christlichen Durchdringung. Dr. Mezger, ein junger Historiker, hat in etwa das Itinerarium dieser Hilarius- und Fridolinskirchen in unserem Lande zu rekonstruieren gesucht und gefunden, daß es dem alten Römerweg von Straßburg her folgte; wir finden darauf die Etappen: Rheinau, Kappel a. Rh. mit legendarischen Erinnerungen an Fridolin, Bleichheim (Fridolinskirche), Jechtingen (Fridolin Nebenpatron), Gündlingen (Fridolinskapelle), Ebnet (Hilariuskirche), Bollschweil (Hilariuskirche), Ehrenstetten, Oberampringen (Fridolinskapelle), Krozingen, Schlatt, Bremgarten, Neuenburg (Stadtpatron Fridolin) und Liel, wo überall liturgische Erinnerungen an Fridolin und Hilarius vorliegen. Man wird daraus nur schließen können, daß der fränkische Heiligenkult auf dieser alten Kulturstraße ins Alamannische vorgedrungen ist. Ob Fridolin ihn gebracht hat, steht dahin; die Rolle, die ihm die Tradition von Poitiers zuschreibt, kann es als möglich erscheinen lassen. Aber ebenso leicht möglich ist es, daß man dem als Hauptförderer des Hilariuskultes bekannten Abt in Poitiers die Gründung in Säckingen zuschrieb, etwa nachdem man Reliquien von ihm erhalten hatte. Diese Möglichkeit liegt um so näher, als für die Ursprungszeit des Säckinger Klosters enge Beziehungen zwischen ihm und Poitiers angenommen werden müssen. Denn außer Reliquien des hl. Hilarius hatte es auch eine Partikel vom hl. Kreuz, offenbar von der großen Reliquie, die 569 nach Poitiers gekommen war. Wenn diese gallo-fränkische Merowingerstadt an die junge Gründung in Alamannien von seinen zwei größten Schätzen abgab, so mußte sie doch daran ein großes Interesse gehabt, ein Interesse, das vielleicht auch am Hofe vorhanden war, nur hier mehr in politischem Sinne. Das Kloster Säckingen erscheint in der Karolingerzeit als königliches Kloster; diesen Charakter kann es erworben haben zufolge der Stiftung durch einen Frankenkönig. Daß seine Gründung jedenfalls über die Karolingerzeit hinabreicht, wohl noch ins 7. Jahrhundert, ergibt sich, wie Schulte in seiner kritischen Untersuchung mit Recht hervorgehoben hat, aus seinem geschlossenen, nirgends von den Besitzungen des aus der ersten Hälfte des 7. Jahrhunderts stammenden St. Gallener Klosters durchsetzten Besitzstand. Nur in die Zeit Chlodwigs I. dürfen wir nicht zurückgehen. Es ist ganz ausgeschlossen, daß die Alamannen unmittelbar nach ihrer furchtbaren Niederlage auf dem ihnen eingeräumten Schutzgebiet eine Einmischung ihres politischen Gegners geduldet oder daß sie das unter seiner Protektion kommende Christentum willig zugelassen hätten. Damit fällt aber auch die eigentliche Basis der Mission Fridolins. Ebenso bedenklich für die legendarische Rolle des letzteren ist es aber auch, daß seine Verehrung verhältnismäßig spät erst einsetzt; vor dem 9. Jahrhundert haben wir keinerlei Bezeugung. Er gehört also schon nicht mehr zu jener Gruppe frühmerowingischer Heiligen (Martin, Hilarius, Remigius, Germanus u. a.), deren Kult den ältesten Vorstoß des Christentums ins heidnische Deutschland markiert. Aber auch Säckingen hat ihm in der Frühzeit nicht den absoluten Kult angedeihen lassen, dessen sich sonst die Gründer der Urklöster erfreuen, wie St. Gallus, Trudpert u. a. Die Hauptverehrung in Säckingen gilt dem hl. Hilarius und dem hl. Kreuz; erst im hohen Mittelalter, etwa vom 13. Jahrhundert ab, erscheint Fridolin dem Heiligen von Poitiers gleichgeordnet, wie im Siegel der Stadt Säckingen. Jetzt war Fridolin volkstümlich geworden und zahlreiche Kirchen in Südbaden, im Breisgau und vor allem im Kanton Glarus erhalten ihn als Patronus, in erster Linie allerdings an Orten, an denen Säckingen begütert war. Es gilt das namentlich von den Breisgauorten, deren Fridolins- und Hilariuskult den Weg verraten soll, den Fridolin auf seiner alamannischen Mission gegangen sei. Bleiben so der ungelösten und wahrscheinlich überhaupt unlösbaren Fragen über die Art und die Zeit der Wirksamkeit des hl. Fridolin nur allzuviele, so können wir doch mit Sicherheit daran festhalten, daß Säckingen als ältestes Alamannenkloster ein Ausgangspunkt christlichen Geistes und christlicher Kultur geworden ist. Wenn der starke Anteil der fränkischen Könige an seiner Gründung von der Legende betont wird, so weist das bereits über die Zeit Chlodwigs hinaus, trifft darin aber das Richtige, daß der fränkische

Hof ein lebhaftes Interesse an den auf alamannischem Boden errichteten Kirchen und Stiften hatte und da der hl. Fridolin als ein Hauptverbreiter des Kultes des hl. Hilarius ostwärts gegen Alamannien bekannt war, so wurde er der Gründer des Säckinger Klosters.

In nachhaltigem Sinne wurde die Christianisierung der alamannischen Lande erst zu Anfang des 7. Jahrhunderts ins Werk gesetzt. Erst um diese Zeit läßt sich der Zuzug keltischer Sendboten des Christentums geschichtlich nachweisen und geschichtlich motivieren. Die größte und für lange Zeit alles überragende Gestalt unter diesen Missionären ist der hl. Columba. Durch ihn kam das vom fränkischen Asketentum in manchen Punkten abweichende iro-schottische Mönchstum ins Frankenreich, das ihm die formalistische Regelung des sittlichen Lebens in einer bis auf die gewöhnlichen Verrichtungen sich erstreckenden Regel und in den Bußbüchern, den ersten Ansätzen zu einer Moralwissenschaft, daneben aber auch einen eigentümlichen Einschlag in der frühmittelalterlichen Kunst, die sogenannte irische Ornamentkunst, zu verdanken hat. Das Kloster wird jetzt aus einem für müde Kulturseelen geschaffenen Refugium ein lebendiger, die ganze Umgebung befruchtender Kulturfaktor. Unser Gebiet hat Columba nur leicht an der Peripherie gestreift; aber er hat es doch in seiner künftigen Entwicklung durch die hinreißende Macht seiner Persönlichkeit und durch seine Schüler, vor allem den hl. Gallus, unmittelbar und mittelbar stark beeinflußt, so daß wir ihm hier kurze Beachtung schenken müssen. Um die Mitte des 6. Jahrhunderts im Südosten Irlands, in der heutigen Grafschaft Leinster geboren, ließ sich in früher Jugend schon diese heroische Feuerseele im Kloster Bangor ins asketische Leben einführen. Bald aber trieb ihn ein innerer Betätigungsdrang übers Meer nach dem Frankenreich, wo er in einer zügellosen, alle sittlichen Schranken verachtenden Welt mit erschütternder Kraft und leidenschaftlicher Unerbittlichkeit als Bußprediger wirkte. Daneben schuf er Stätten zur Verwirklichung des sittlichen Ideals in den von ihm im burgundisch-austrasischen Grenzgebiet zum Teil auf römischen Resten gegründeten Klöstern Anegray, Luxeuil und Fontaines, deren Leitung er selbst in der Hand behielt und für die er eine eigene Regel entwarf. Verfassungs- und Organisationsbestimmungen irgendwelcher Art fehlen darin. Wie bei allen Kraftnaturen waren die durch seine Persönlichkeit verkörpert. Es herrscht unstreitig in dieser Regel, deren 2. Teil die Ausführungen der Vorschriften des ersten durch eine Menge angedrohter Strafen sicher zu stellen sucht, eine tief innerliche Auffassung sittlicher Verpflichtungen; sie enthält scharf umrissen in den zwei Forderungen, die sie an die Spitze setzt, in dem Gebot der Liebe und dem des unbedingten Gehorsams, der eine heitere, stets ausgeglichene Seelenstimmung zu erzeugen vermag, das Programm für ein Leben voll hoher und höchster sittlicher Anforderungen, aber auch für eine hohe Stufe geistiger Größe und Charakterstärke, die wie eine völlig fremde Welt in dunkler Merowingerzeit anmutet. Auch als Seelenleiter und Gewissensrat suchte Columba seine Praxis festzulegen in dem Pönitentialbuch, das weder in seiner Anordnung neu ist noch etwas Neues, die Beicht, einführen wollte. Freilich die ganze hinreißende Kraft seiner eigenen Wirksamkeit hat kein Nachfolger und Nachahmer aus diesem Bußbuch schöpfen können. Mit ihr steht das Vorbild einzigartig da, ein lebendiger Gnadenstrom inmitten der fränkischen Gesellschaft. Das absolute Selbständigkeitsgefühl, das er sowohl in der Leitung der Klöster wie in seiner pastoralen Praxis auch den Bischöfen gegenüber, zum Teil in schroffer Weise, bekundete, das Festhalten an den Sondergebräuchen seiner irischen Kirche wie der abweichenden Ansetzung der Osterfeier und sonstigen Eigenheiten im Kult u. a., und zwar aller noch so entschiedenen und selbst auf einer eigenen Synode (602) zum Ausdruck gekommenen Opposition der fränkischen Bischöfe gegenüber, das Zerwürfnis mit dem intriguanten Herrscherweib Brunichilde und ihrem schwachen Enkel Theuderich, machten ihm den weiteren Aufenthalt im fränkischen Reich bald zur Unmöglichkeit. Nur aus der Ferne konnte er die zunächst stürmischen Schicksale seiner Lieblingsschöpfung Luxeuil verfolgen und auf ihre großen Erfolge bei Gründung der Filialen (unter dem dritten Abt Waldebert seit 629) Granfelden im Münstertal (Basel), St. Ursanne (K. Bern) und Pfermund (Diöz. Basel), die alle drei der Leitung eines aus Trier gebürtigen Mönches Germanus unterstellt wurden, Einfluß ausüben. Auch das Kloster Münster in Gregoriental bei Colmar darf vielleicht trotz der anderslautenden Ursprungslegende in seinen Anfängen auf Luxeuiler Einfluß zurückgeführt werden. Wie sich

Die Einführung des Christentums im alamannischen Baden.

sonst noch die Einwirkung dieser wichtigen Stätte christlicher Kultur bei der Gründung anderer Klöster bemerkbar macht, kann hier nicht weiter verfolgt werden. Durch sie erscheint Columba als einer der größten Patriarchen des abendländischen Mönchstums.

Die durch Brunechildes Verfolgung dem Heiligen auferlegte Mußezeit dauerte indes nicht allzulange. Es bot sich ihm dank der Gunst Theudeberts II. von Austrasien bald Gelegenheit zur Betätigung nach einer anderen Richtung. Theudebert gewann ihn für die Heidenmission in dem östlichen Teil seines Gebietes beim Alamannenvolk. Mit einigen seiner irischen Mönche, darunter dem nachmals so berühmten Gall, zog Columba über Mainz, wo sich Bischof Leonisius ihrer freundlichst annahm, an den Züricher See, dann nach Arbon am Bodensee, einer alten römischen Ansiedelung, wo der Priester Willimar mit zwei Diakonen wirkte und die Ankömmlinge auf das nahe Römerkastell Bregenz aufmerksam machte. Hier hatte sich aus römischer Zeit her noch ein der hl. Aurelia geweihtes Kirchlein erhalten, aber die heidnischen Anwohner hatten es als Tempel benutzt und drei vergoldete Götterstatuen darin aufgestellt. Auch sonst fristeten die Reste des Christentums ein wenig erfreuliches Dasein; die Christen, die in geringer Zahl hier wie am Züricher See vorhanden waren, machten ruhig die Götteropfer, wie die Bieropfer an Wodan mit. Columba wie Gall gingen mit rücksichtsloser Barschheit gegen solche Veranstaltungen vor, wie sie auch die drei Götterbilder in den See warfen. Das Verhältnis zu der Bevölkerung, der sie durch solche Handlungen zunächst Respekt einflößten, wurde dadurch nicht gerade freundlich. Wir hören in der Vita Columbas von Jonas wie in der weniger zuverlässigen späteren Vita Galls von ständigen Reibereien; einmal wurden den Mönchen sogar zwei Viehknechte, die in einen Hinterhalt gelockt worden waren, erschlagen. Aber zu einer bedrohlichen Feindseligkeit kam es, solange Theudebert lebte, noch nicht. Vielmehr blühte die klösterliche Niederlassung bei Bregenz segensreich empor. Erst nach Beseitigung Theudeberts, als Alamannien in die Gewalt des Columba feindlichen Theuderich kam, wurde die Lage am Bodensee unhaltbar. Columbas Biograph führt zwar den Entschluß, das alamannische Gebiet aufzugeben und nach Italien zu ziehen, auf eine übernatürliche Einwirkung zurück. Daneben deutet er aber auch noch den viel realeren Grund an, die wachsende Erbitterung der Alamannen gegen die Mönche, die jetzt beim Grafen Gunzo von Überlingen verklagt wurden, nicht etwa wegen Störung ihrer heidnischen religiösen Gebräuche, sondern wegen Störung der Jagd durch das Roden der Wälder. Den letzten Ausschlag aber gab zweifellos der 612 erfolgte Umschwung der politischen Verhältnisse, wodurch Columba den mächtigen Rückhalt und Schutz verlor. Wenn auch nur von kurzer Dauer, so hat diese erste Wirksamkeit der irischen Mönche doch tiefe Spuren im südlichen Alamannien hinterlassen; eine Anzahl Columbakirchen in der Schweiz und im Allgäu markieren gewissermaßen die Fußtapfen seines Missionsweges oder wenigstens den Einfluß seiner starken Persönlichkeit. Aus Konstanz hatte er den Knaben Bertin, den nachmals so berühmten Abt vom Kloster Sithiu (gestorben im höchsten Alter, 711), dem burgundischen Kloster Luxeuil zugeführt und so ein Band zwischen Alamannien und Luxeuil geknüpft. Dem schon vorhandenen Christentum ist durch das eindringliche Wort der Mönche und mehr vielleicht noch durch das Beispiel ihres Lebens das Gewissen wieder geschärft worden; viele Heiden wurden auch nach des zuverlässigen Jonas' Bericht dem christlichen Glauben gewonnen. Die klösterliche Niederlassung bei Bregenz wurde zunächst aufgegeben und etwas später von den Benediktinern als Augia Major übernommen. Jenseits der Alpen gründete Columba ein neues Kloster Bobbio, das gleichfalls wie ein mächtiger Pharos religiösen Geistes und intellektueller Bildung über Oberitalien leuchten sollte; schon drei Jahre nach seiner Ankunft wurde Bobbio Columbas letzte Ruhestätte (615).

Im alamannischen Wirkungsfeld mußte Gall, nicht mit Zustimmung Columbas, wegen schwerer Erkrankung zurückbleiben. Dadurch wurde die Tradition aufrecht erhalten und der hier ausgestreute Samen überhaupt erst lebensfähig gemacht. Wenn wir den sehr späten Biographen des hl. Gallus aus dem 9. Jahrhundert, vor allem Wettin und Walafrid Strabo, glauben dürfen, so hat sich das Wirken des Bodenseeapostels in vielen grundsätzlichen Punkten in anderem Sinne vollzogen als das Columbas. Der deutschen Sprache mächtig, vermochte er weit mehr als Columba auf die Bevölkerung direkt einzuwirken und dann stellen ihn die Biographen in ständigem Einklang mit dem einheimischen

Klerus und Episkopat, ja in Unterordnung unter diesen dar, wodurch gleichfalls eine ersprießlichere Missionsarbeit ermöglicht wurde. Aber man darf auch nicht vergessen, daß sich hinter solchen Schilderungen die Tendenzen einer späteren Zeit verbergen. Die Tätigkeit der ersten Sendboten Christi am Oberrhein soll sich ohne Zutun und ohne Mitwirken des Königtums vollziehen und sie soll nicht mit dem bekannten Unabhängigkeitssinn Columbas vor sich gehen, der selbst zu Konflikten mit dem fränkischen Episkopat geführt, sondern, wie es die kirchenrechtliche Ordnung der späteren Zeit verlangte, in enger Harmonie mit dem Klerus und in Unterordnung unter den Episkopat. Auch sonst verraten sich in Galls Lebensschilderungen, ganz abgesehen von dem Urwald von Wundern, durch den wir geführt werden, ungeschichtliche Auffassungen einer späteren Zeit. Der Charakter des Schauplatzes vor der gemeinsamen Arbeit Columbas und Galls am Bodensee hat sich bei Wettin und Walafried Strabo gegenüber der Darstellung des Jonas gänzlich verändert; bei Jonas, dem Zeitgenossen, ist das Gebiet noch fast völlig heidnisch, das Christentum spielt eine recht kümmerliche Rolle; vom einheimischen Klerus und Episkopat hören wir nur sehr wenig. Anregung und Autorisation zu der Missionstätigkeit in Alamannien hatte, den geschichtlichen Verhältnissen entsprechend, den Mönchen der fränkische König gegeben, der ihnen auch einen wirksamen Schutz darbot, so daß, so lange der König lebte, auch der von der erbitterten Bevölkerung beeinflußte Graf Gunzo nicht gegen sie einzuschreiten wagte. Im Leben Galls, wie es uns im 9. Jahrhundert erzählt wird, haben sich diese Verhältnisse völlig verschoben. Das Land ist, abgesehen vom Waldgebiet, in dem das Heidentum noch seine Anhänger hat, christlich, namentlich wird Konstanz mit seiner Marienkirche und seiner Stefansbasilika als christliche Stadt vorausgesetzt. Nach dem Tode des dortigen Bischofs Gaudentius versammeln sich eine große Zahl von Bischöfen zur Wahl des Nachfolgers, dazu samt einer großen Zahl von Klerikern entboten vom Herzog Gunzo, der selber mit seinen Fürsten und Grafen erscheint und den Wahlakt präsidiert. Zwischen Gallus und dem Bischof und übrigen Klerus, besonders auch dem Priester Willimar und seinen zwei Diakonen findet ein sehr reger Verkehr und gegenseitige Unterstützung der pastoralen Arbeit statt. Man wird diese etwas ungeschichtliche Art, mit der die Verhältnisse der eigenen Gegenwart um zwei Jahrhunderte rückwärts projiziert werden, zum Teil aus bestimmten rechtsgeschichtlichen Erwägungen heraus, zugleich auch die stark sagenhafte Ausschmückung in Abrechnung bringen müssen, wenn man die geschichtlichen Tatsachen im Leben des hl. Gallus heraussuchen will. Die Stätte seiner künftigen Wirksamkeit ließ sich der Heilige nach seiner Genesung vom Arboner Diakon Hiltibold anweisen. Auf der Höhe über dem See im Arboner Forst pflanzte er in einem Dorngestrüpp das Kreuz auf und hing seine Reliquienkapsel daran. Ein Bär, der während der Nacht den Rest der Mahlzeit aufzehrt, muß dafür Holz herbeischleppen. Schlangen weichen von der Stätte, die der Mönch zu seiner künftigen Wohnstatt ausersehen und Dämonen entfliehen, als er sich anschickte, die Galluszelle zu errichten. Herzog Gunzo, der unterdessen von dem heiligmäßigen Mann gehört, läßt ihn durch Willimar ersuchen, zu seiner von einem Dämon geplagten Tochter, der Braut des Königs Sigibert, zu kommen. Erst nach einigem Zögern folgt er, anfangs Böses vermutend, dem Ruf und heilt Fridiburga, die später ins Kloster St. Peter in Metz eintrat und dort Äbtissin wurde. Überglücklich über die Heilung versuchte Gunzo in Konstanz die Wahl zum Bischof auf Gallus zu lenken. Doch er lehnte ab und bezeichnete den Diakon Johannes als den würdigsten Kandidaten. Ebenso bestimmt wissen die Biographen von einem gleichfalls durch ihn vereitelten Versuch, ihn zum Abt von Luxeuil zu bestellen, zu erzählen. Die letzten Lebensjahre verbrachte der Heilige fast ausschließlich in seiner Zelle, zu deren Bau Gunzo und Sigibert nach den wohl kaum geschichtlichen Schilderungen der Biographen reiche Zuwendungen gemacht haben sollen, dem strengsten Büßerleben hingegeben, aber noch gelegentlich mit der früheren Begeisterung das Wort Gottes der Bevölkerung verkündigend. Der Tod erreichte ihn im 95. Lebensjahr um 645 zu Arbon, wo er kurz zuvor eine Predigt gehalten hatte. Die Galluszelle tritt im ganzen 7. Jahrhundert, solange das Land noch nicht weiter christianisiert war, nicht stärker hervor; auch ihr Besitzstand ist in dieser Frühzeit wohl kaum nennenswert gewesen. Von Galls Zellengenossen überlebten ihn Maginald und Theodor, die die Legende mit Unrecht als Gründer der Klöster Füssen und Kempten nennt, die in Wirklichkeit aber jüngeren Ursprungs sind. Als Grund des Wegzugs der beiden von St. Gallen wird die feindselige Haltung des Grafen Otwin angegeben, der sowohl Arbon wie die Galluszelle brandschatzte und auch das Grab des Heiligen nicht geschont haben soll. In späterer Zeit, als der Gallusstiftung reiche Besitzungen in Oberbaden, besonders auch im Breisgau (u. a. Ebringen, Zarten, Hugstetten, Merzhausen) zugewendet wurden, erlangte der Heilige eine Popularität, wie sie in unserem Lande kein anderer Heiliger außer Martin aufzuweisen hat. Kirchenpatron ist er bzw. war er in der Erzdiözese Freiburg wenigstens an 30 Kirchen oder Kapellen; in Merzhausen und Ladenburg ist er als solcher schon im 8. Jahrhundert nachweisbar. Nicht weniger häufig begegnet er als Patronus in den angrenzenden Gebieten von Württemberg, Schweiz und Vorarlberg. Es läßt sich aus diesen liturgischen Spuren heute noch geradezu die Topographie der St. Gallischen Besitzungen zum Teil wenigstens rekonstruieren und damit auch eine Vorstellung bilden von dem Einfluß, den das Kloster im Frühmittelalter in Süddeutschland auszuüben vermocht hat.

Mit der Namhaftmachung des hl. Fridolin, Columba und Gall ist der Einfluß des iro-schottischen Mönchstums in der Frühgeschichte des Christentums in Baden noch nicht seinem vollen Umfang nach gekennzeichnet. Im Taubergrund macht sich noch, wenigstens indirekt, von Würzburg her die Einwirkung des hl. Kilian bemerkbar, der seines Glaubens wegen mit seinen zwei Gefährten Kolonat und Totnan durch einen „Judex" Gozbert um 680 hingerichtet wurde. Näheres über ihn ist erst aus geschichtlich wenig zuverlässigen Darstellungen des 9. Jahrhunderts zu erfahren. Seine Verehrung im Tauber- und Neckargrund (Berolzheim, Herbolzheim bei Mosbach, Oberschefflenz, Osterburken, Unterschüpf u. a.) ist wohl aus der Zugehörigkeit dieser Orte zum Bistum Würzburg zu erklären. Kelten weisen sodann bis an die Schwelle des 2. Jahrtausends die Listen der ältesten badischen Klöster, besonders in Mittelbaden, in einer starken, mancherorts sogar überwiegenden Mehrheit auf. Aber auch die Anfänge mancher Klöster sind rein keltisch, d. h. es sind ausgesprochene Asketenzellen nach dem Vorbild von St. Gallen gewesen, wie Honau, Schuttern, Ettenheimmünster und St. Trudpert. Während anderswo (Konstanz, Gengenbach, Schwarzach) lokale Benennungen wenigstens in unbestimmter Form die Erinnerung an die „Schottenmönche" festgehalten haben, sind uns die Schicksale der Gründer von St. Trudpert und Ettenheimmünster wenigstens in späteren Legenden in wertloser Ausmalung näher gebracht worden. Über den hl. Trudpert haben wir eine Vita aus dem 9. Jahrhundert, die aus Anlaß der Erhebung der hl. Gebeine ums Jahr 815 und deren Bergung in der neuerrichteten Kirche (in altiore parte) verfaßt worden ist. Alles, was uns aber in dieser ersten und einzigen frühen Nachricht über den Heiligen erzählt wird, kann sehr starken Bedenken unterliegen. Trudpert, ein Bruder des hl. Rupert von Salzburg, soll aus seiner irischen Heimat nach Rom gepilgert sein und vom Papst sich ein Missionsgebiet in Alamannien haben anweisen lassen. Im Breisgau angekommen, erhielt er von dem Adligen Othbert eine Arbeitsstätte südlich von Freiburg, im Tale des Neumagen angewiesen und dazu noch sechs Knechte zum Ausroden der Gegend. Zwei davon aber erschlugen, der harten Arbeit überdrüssig, nach dreijähriger Anwesenheit Trudpert mit einem Beil; sein Leib wurde in dem von Othbert erbauten Gotteshaus (oratorium) beigesetzt. Ende des 8. Jahrhunderts aber gerieten Kirche und Grabstätte infolge der Familienstreitigkeiten der Nachkommen Othberts in starken Verfall, bis einer davon, Rambert, sich entschloß, eine große prächtige Basilika darüber zu errichten. Im 8. Jahrhundert dürfte auch die klösterliche Niederlassung von Benediktinermönchen entstanden sein, die später, um sich die Gunst der Habsburger, namentlich gegen die Vögte, die Herren von Staufen, zu sichern, eine regelrechte Abstammung der Habsburger von den Gönnern Trudperts und seiner Siedelung, Rambert und Othbert, zurecht konstruiert haben. Das Äußerste, was man von der Legende wird festhalten können, ist vielleicht die Tatsache eines gewaltsamen Endes eines Einsiedlers. Alle anderen Züge der Vita sind teils typische Nachbildungen, teils direkte Unrichtigkeiten, wie z. B. die, wohl nur durch den Gleichklang der Namen erklärbare Angabe, daß Trudpert der Bruder des hl. Rupert gewesen sei; auch die irische Nationalität scheint schlecht zu dem echt deutschen Namen zu passen. Für den Hagiographen des 9. Jahrhunderts war eben jeder frühe Einsiedler oder Asket ein Scotigena. Bei dieser gänzlichen Unsicherheit über die näheren Lebensumstände Trudperts ist es unmöglich, aus den zum Teil sehr späten Angaben irgendwelche Schlüsse auf die Zeit des Martyriums zu ziehen. Die Annahmen schwanken zwischen 607, wofür unlängst noch Rieder eingetreten, und 643 oder 644, dem Todesdatum des Konstanzer Brevier. Auf noch viel schwankenderen Boden geraten wir, wenn wir nach der geschichtlichen Unterlage der Landelinslegende uns umsehen. Die Legende ist von keinem Hagiographen verzeichnet worden, sondern lebte immer nur in der Volkstradition fort. Darnach ließ sich Landelin — ein anderer Asket des gleichen Namens ist in der ersten Hälfte des 7. Jahrhunderts in der Lütticher Gegend nachweisbar — etwa zu Anfang des 7. Jahrhunderts im Grenzgebiet des Breisgau und der Mortenau, an der Unditz nieder. Aus Versehen wurde er von einem Jäger, der ihn für einen Dieb hielt, erschlagen und, als sein Leib wunderbarerweise gefunden und auch sonst durch Wunder verherrlicht wurde, als Märtyrer vom Volk verehrt. Als Ort seines Aufenthaltes und Todes wird eine Kirche bei Ettenheimmünster gezeigt, als Ruhestätte seines Leibes Münchweier. An letzterem Orte vereinigte Bischof Widegern von Straßburg (1. Hälfte des 8. Jahrhunderts) die in der Gegend lebenden Einsiedler in einer Mönchszelle und weihte letztere der hl. Jungfrau, dem Johannes Baptista und dem hl. Petrus. Erst die Umwandlung dieser Einsiedelei in ein nach Ettenheimmünster verlegtes Benediktinerkloster unter Widegerns Nachfolger Heddo (um 763) und ihre reiche Dotierung machte sie lebensfähig. Diese zwei Nachrichten über die Gründungsgeschichte sind die zwei einzigen nachweisbaren Fakta aus der Legende Landelins und der an seinem Grab entstandenen Ansiedelung; sie lassen, wenn auch unbestimmt, durchblicken, daß wie anderwärts eine Einsiedelei ganz in der Art der Gründungen iro-schottischer Mönche den Anfang des späteren Klosters gebildet und daß einer dieser Asketen später in den Ruf besonderer Heiligkeit gekommen ist. Immerhin bleibt es auffallend, daß bei der eigentlichen Gründung des Klosters durch Widegern und bei deren Bestätigung und Reform durch Heddo keinerlei Bezugnahme auf den hl. Landelin stattfindet.

Während der fränkische Teil von Baden schon im Laufe des 6. und eines Teiles des 7. Jahrhunderts der Hauptsache nach dem Christentum zugeführt wurde, folgte der alamannische im Laufe des 7. Jahrhunderts nach. Für das fränkische Gebiet sind die Vermittler der christlichen Lehre die auf den Herren- und Krongütern errichteten Kirchen gewesen, für das alamannische zunächst die keltischen Missionäre, die mit Ermächtigung, wenn nicht direkt im Auftrag der fränkischen Könige ihre Mission ausübten. Von den Königen, die sich die Christianisierung der Ostteile ihres Reiches ganz besonders angelegen sein ließen, wird Dagobert I. (623 bis 639), König von Austrasien und zuletzt vom gesamten fränkischen Reich (629—634) immer wieder genannt als Urheber geschichtlicher wie legendarischer Maßnahmen. Ihm wird auch in einer Urkunde Friedrich Barbarossas die Festlegung der Grenzen des Konstanzer Bistums zugeschrieben, die zunächst im Osten der Iller folgten, von der Mündung in die Donau in nordwestlicher Richtung der schwäbisch-fränkischen Grenze bis zum Neckar, von da dann in südwestlicher Richtung bis zum Rhein bei Breisach; von hier bildeten südwärts Rhein, Aare und Gotthard die Grenze. Inwieweit die Berufung auf Dagobert hier das Richtige trifft, ist heute mangels jeder sonstigen positiven Nachricht schwer zu sagen. Eine Circumscriptio der verschiedenen Bistümer mit Aufteilung des alten Dekumatengebietes wird erst möglich und nötig gewesen sein zu einer Zeit, da dieses Gebiet als der Hauptsache nach christianisiert bezeichnet werden konnte, also frühestens Ende des 7. Jahrhunderts. Die Aufteilung Badens an die Grenzbistümer wurde dann offenbar im Anschluß an die Scheidung in alamannisch-fränkisches Gebiet und innerhalb dieser zwei Hälften im Anschluß an alte vorchristliche Gaubegrenzungen vorgenommen. So folgte die nordwestliche Grenze des Konstanzer Bistums über Kniebissattel und längs der Bleich offenbar der Grenze zwischen Alamannien und fränkischem Gebiet. Das Bistum Straßburg erhielt die ehedem von Alamannen bewohnte und stark von fränkischem Gebiet durchsetzte Mortenau, die wieder in drei Landkapitel zerfiel und das sechste (seit dem 12. Jahrhundert nachweisbare) Archidiakonat der Diözese später darstellte; es macht sich in diesem Grenzdistrikt zwischen den zwei ursprünglich so feindlichen Stämmen früh das Bestreben bemerkbar, ihn durch Anlegung von klösterlichen Niederlassungen, die von Straßburg aus in das okkupierte Gebiet vorgeschoben wurden, sowohl politisch wie zivilisatorisch zu sichern. Wie und wann die Zuweisung des nördlichen Teiles von Baden an die Bistümer Speyer und Worms erfolgt ist, läßt sich noch weniger nachweisen als bei den Zuteilungen an Straßburg und Konstanz. Jedenfalls gehörte in vorkarolingischer und vorbonifatianischer Zeit der Uffgau, Bruhrain und der Kraichgau bis an den Neckar zum Bistum Speyer und alles rechts vom Neckar gelegene Gebiet bis in den Taubergrund hinein nach Worms. Nur aus gelegentlichen Andeutungen in der Frühgeschichte mancher Klöster, besonders in der Mortenau, läßt sich entnehmen, daß die Abgrenzung der Bistümer schon im 8. Jahrhundert derart geregelt war. Wie die Bistumsanteile möglichst nach den frühalamannischen und frühfränkischen Gaugrenzen bestimmt waren, so decken sich die Sprengel der Urpfarreien vielfach mit den uralten alamannischen Markgenossenschaften, d. h. wirtschaftlichen Verbänden von Dörfern, Höfen und Weilern mit teilweise gemeinsamem Weide- und Waldbann. Seit der Christianisierung wurde möglichst im Mittelpunkt eines solchen wirtschaftlichen Verbandes, der auch zugleich die Mal- und Gerichtstätte war, die Kirche errichtet, von der sich nach und nach mit der intensiven Organisation des kirchlichen Lebens weitere Pfarrkirchen ablösten. Teilweise lassen sich heute noch diese Urformen von Pfarrsprengeln erkennen. So haben wir in der Nähe von Emmendingen eine derartige Markgenossenschaft, die die Dörfer Mundingen, Köndringen, Malterdingen und Heimbach umfaßte, daher „Vierdörfer" genannt. Kirchlicher Mittelpunkt war das Kirchlein zu Wöplinsberg, dessen uralter Hof auf eine ganz frühe Entstehung dieses Gotteshauses hinweist, womöglich noch in der Zeit unmittelbar nach der fränkischen Okkupation. Heimbach, wo die Gerichtsstätte dieser Genossenschaft war, scheint früh ein eigenes Gotteshaus durch das hier begüterte St. Gallen erhalten zu haben. In ähnlicher Weise muß man wohl auch das Severinskirchlein neben dem schon in nachkarolingischer Zeit genannten Mauracherhof bei Denzlingen als Mittelpunkt eines das vordere Elz- und Glottertal und das angrenzende Gebiet der Ebene umfassenden Kirchensprengels ansehen. Der Patronat dieses Sakralbaues, die beherrschende Lage des Hofes lassen an fränkische Kolonen denken. Im eigentlichen alamannischen Gebiet dürften Hondingen, Geisingen, Bräunlingen wirtschaftlich wie kirchlich den Mittelpunkt eines Verbandes gebildet haben. Für das Renchtal haben wir als uraltes kirchliches Zentrum in Nußbach. Sehr gut lassen sich diese Verhältnisse und ihre allmähliche Umbildung in der Ortenau verfolgen. Im unteren Teil derselben lagen drei Markgenossenschaften, die von Steinbach, von Sasbach und von Ulm bei Renchen, wo auch zugleich der Pfarrsitz jeder Genossenschaft war. Bei den ältesten Dismembrationen bis hinauf zum Jahre 900 erfolgte mit der Errichtung des neuen Pfarrsprengels hier auch zugleich die Zuweisung eines Teiles der Mark, ein Beweis, daß das Bewußtsein für die Zusammengehörigkeit von kommunalem Besitz und Pfarrbezirk noch vorhanden war.

Am besten läßt den allmählich im 7. Jahrhundert vor sich gegangenen Wandel in den religiösen Verhältnissen der Alamannen die neue Redaktion der alamannischen Rechtsordnung erkennen, die Lex Alamanorum, die wohl unter Herzog Lantfrid I. († 730) im ersten Viertel des 8. Jahrhunderts und zwar auf Grund eines Übereinkommens der Ältesten mit dem Herzog und dem Volk abgefaßt wurde. In drei Teilen enthält sie das Recht der Kirche, das des Herzogs und das des Volkes. Das Recht der Kirche aber in 22 Abschnitten steht an der Spitze, noch vor dem des Herzogs, ein Beweis, daß das Volk ihren absoluten Charakter anerkennt und damit sich auch als christlicher Stamm betrachtet. Fast in alle Verhältnisse des öffentlichen und privaten Lebens greift das Christentum nach diesem Gesetzbuch ein. Das Besitzrecht der Kirche wird anerkannt und geregelt, ebenso das Asylrecht der Gotteshäuser, die aber noch recht primitiv gewesen sein müssen, denn sie ermangeln noch des gewöhnlichen Atriums und der Schutzsuchende mußte wenigstens bis zur Türe kommen. Wie der Bestand der Gotteshäuser und ihr Eigentumsrecht sicher gestellt wird, so auch die persönliche Sicherheit der Kirchendiener entsprechend ihren Rangverhältnissen. Die Schädigung oder Verletzung eines Pfarrers wurde mit dem dreifachen Betrag der für einen Freien geltenden Strafe gebüßt; die Strafen für Angriffe auf einen Bischof oder Ermordung desselben standen denen für einen Herzog gleich; für den Diakon oder Mönch galt die doppelte und für einen Subdiakon die um $1/3$ höhere Strafe. Die Unverletzlichkeit des Grabes wurde auch für den Sklaven garantiert und Ausgraben der Leichen wie der der Grabbeigaben streng geahndet. Streng war auch die Sonntagsruhe geregelt; die Kirchenbuße wird bestimmt gefordert; der Eid wird jetzt in religiöser Form abgelegt, auf ein Reliquienkästchen, nicht, wie 100 Jahre zuvor noch auf die Waffen. Bei der Auswahl der Richter soll nicht nur auf zivile Unbescholtenheit, sondern auch auf Gottesfurcht gesehen werden. Die Rücksicht auf Gott und sein Gesetz soll jede amtliche Handlung wie das private Tun lenken, wie auch die göttlichen Gebote und die Verordnungen der Kirche bestimmend sind für die Maßnahmen des Volkes und seiner Lenker. Interessant ist der Einblick, den dies Gesetz uns in den Ausbau des kirchlichen Lebens und in die ökonomisch-rechtliche Lage der Kirche gewährt. Das Gesetz kennt Bischöfe und Pfarrer wie Diakone und niedere Kleriker. Der Pfarrgeistliche (presbyter oder pastor ecclesiae) wird vom Bischof bestellt und wohnt wie dieser in einem Hof. Auch Klöster gab es bei der Festlegung dieser Rechtsnorm des Stammes schon; an Würde standen ihre Insassen vor dem Gesetz der Diakonen gleich. Die Güter der Kirche wurden bewirtschaftet durch Leibeigene und Kolonen, in der Weise, daß erstere drei Tage in der Woche für sich arbeiten konnten, die drei anderen für die Kirche und noch jährlich 15 Sikeln Bier, ein Schwein im Wert von $1/_3$ Solidus, zwei Scheffel Brot, fünf Hühner und zwanzig Eier als Abgabe entrichten mußten. Die Kolonen hatten für ihnen überlassenes Lehensgut jährlich eine bestimmte Abgabe zu zahlen. Um das Kirchengut vor jeder Verschleuderung sicher zu stellen, wurde bestimmt, daß nur ein Tausch desselben, nicht aber eine Veräußerung möglich sei; der Tausch mußte, um Rechtskraft zu erlangen, schriftlich beurkundet sein. Zuwendungen an die Kirche waren auch in der Form üblich, daß man sein Eigentum der Kirche vermachte, es aber zu lebensjährlicher Nutznießung gegen eine jährliche Abgabe wieder zurückerhielt. Dieses Alamannengesetz aus dem Anfang des 8. Jahrhunderts bekundet durchweg im ganzen Stamm eine christliche, wenn auch junge Kultur. Die Gottesfurcht und Gottesgesetz sollen Richtschnur für den Stammesangehörigen sein; die Kirche und ihre Diener sind die Verwirklichung und die Repräsentanten dieses Gotteswillens und Gottesgesetzes und darum der ganz besonderen Achtung eines jeden empfohlen. Die Kirche hat also völlig den Stamm für sich gewonnen und ihren Einfluß auf das Volksleben in allen seinen Komplikationen ausgedehnt. Von Heiden ist höchstens mit einem Wort der Geringschätzung die Rede; aber auf ihre religiösen Verhältnisse wird nirgendsmehr Bezug genommen. Indes, heidnisches Gebahren und die wilde Leidenschaftlichkeit eines von Hause aus trotzigen Naturstammes waren deshalb noch nicht ganz ausgerottet. Wenn man Mord, Mißhandlung und Beraubung der Priester und Bischöfe, Schändung von Kirchen durch besondere Gesetze zu verbieten genötigt war, so beweist das deutlich, wessen die Diener der Kirche hier noch gewärtig sein mußten; und die genauen Bestimmungen gegen Mord und Raub und Meineid, Kirchendiebstahl zeigen, daß der erzieherische Einfluß des Christentums noch nicht tief gedrungen war. Zuwendungen an die Kirche wurden häufig nicht nur von Verwandten, sondern selbst von den Vornehmen des Stammes, Graf und Herzog angefochten. Auf die Eheschließung hat die Kirche einstweilen nur geringe Einwirkung durchsetzen können; nur insoweit, als Verwandtschaftsehen bis zum zweiten Grad verboten sind. Selbst noch Bischof Salomo II. (875—890) sieht sich genötigt, mehrere Ehen von Edlen wegen zu naher Verwandtschaft unter heftiger Opposition der Beteiligten zu trennen. Aber der ganze Eheschließungsakt blieb offenbar zivil; eine Ehescheidung konnte durch den weltlichen Richter ausgesprochen werden. Sie war möglich bei Entführung der Frau, wenn der Schuldige 200 Schilling bezahlte. Aber immerhin war die schutzlose Frau gesetzlich geschützt und auch den Armen das Recht auf öffentlichen Schutz zuerkannt. So geht durch das ganze Gesetz ein Zug humanen Geistes bei aller Mangelhaftigkeit des eben beginnenden Kulturlebens; diese Humanität aber ist ein Ausfluß des christlichen und kirchlichen Geistes, der nahezu alle Bestimmungen der Lex Alamanorum beeinflußt hat. Nicht weniger bestimmt spricht aus all den Satzungen das stolze Stammesgefühl, ein Geist nahezu unbeschränkter Unabhängigkeit. Das Volk ordnet seine Angelegenheiten und seine Interessen für sich allein; an der Spitze steht sein Herzog, der nur dem König Heeresfolge zu leisten hat, im übrigen aber unbeschränkte Gewalt ausübt, Bann- und Blutrecht besitzt und mit dem Volk zusammen die Richter einsetzt. Im 7. Jahrhundert noch ein verhältnismäßig enges, war das Verhältnis zum Frankenreich lockerer und lockerer geworden, so daß in der Zeit der Hausmeierwirtschaft die fränkische Oberhoheit nur noch ein Schatten war und die alamannischen Herzöge vor dem Moment standen, völlige Unabhängigkeit zu erzwingen. Namentlich war Herzog Godafrid, der Vater Lantfrids, zu Anfang des 8. Jahrhunderts im Frankenreich gefürchtet. Es folgen nach ihm eine Anzahl Herzöge rasch aufeinander, so daß keiner zu richtiger Machtentfaltung gelangen konnte. Schon gleich der erste, Willehari, wird

712 durch ein fränkisches Heer besiegt und beseitigt. Karl Martell suchte dann das fränkische Hoheitsrecht mit aller Entschiedenheit wieder zur Anerkennung zu bringen. Zwar haben die Herzöge Theudebald, der Gegner Pirmins, und Lantfrid II. die Unabhängigkeitspolitik Godafrids und Lantfrids I. fortzusetzen gesucht, aber sie endete mit einem völligen Mißerfolg. Lantfrid II. wurde 748 gefangen und damit war die herzogliche Gewalt überhaupt beseitigt und die politische Selbständigkeit Alamanniens endgültig begraben.

Viertes Kapitel.
Die ersten Klöster Badens. Pirmins Reform.

Sehen wir von den im sagenhaften Dunkel sich verlierenden Anfängen des Säckinger Klosters ab, so hat Baden aus den frühesten Zeiten der Germanenchristianisierung keine klösterliche Niederlassung aufzuweisen. Auch die Anregungen Columba-Galls und das Vorbild Luxeuils, wodurch überall an der Grenze Badens Mönchssiedelungen hervorgerufen wurden, blieben hier zunächst ohne Nachahmung: ein Beweis, daß in der ersten Hälfte des 7. Jahrhunderts hier noch kein fruchtbarer Boden für ein derartiges Missionszentrum gefunden wurde. Am ehesten und zahlreichsten entstehen die klösterlichen Niederlassungen in der Mortenau, einem der Hauptsache nach in der Frühzeit aus Waldgelände bestehendem Gebiet. Die Einwirkung vom fränkischen Gebiet aus, und zwar von Straßburg, ist hier unverkennbar. Kolonisatorische und politische Zwecke scheinen bei diesen zunächst für die Christianisierung des Grenzgebietes zwischen Franken und Alamannien angelegten Gründungen sehr stark im Spiel gewesen zu sein. Soweit wir aus den uns bekannten Verhältnissen weitere Schlüsse ziehen dürfen, ist das Gebiet zu einem großen Teil fiskalisch gewesen. Daher erklärt es sich wohl auch, daß dem Frankenkönig untergeordnete Alamannenherzöge oder fränkische Gaugrafen mit der Gründung oder Dotierung der wichtigsten ortenauischen Klöster wie Schwarzach, Gengenbach und Honau in Beziehung gebracht werden, und daß bedeutend später Kaiser Heinrich II. Schuttern und Gengenbach als Dotierung dem neugegründeten Bistum Bamberg überwies.

Wie all diese frühen fränkischen Klöster vor Übernahme der festen Benediktinerregel sind auch die ortenauischen Niederlassungen wie Ettenheimmünster und Schuttern und wohl auch Honau Einsiedeleien gewesen, ohne straffe Organisation und großenteils auch ohne weitergehenden Einfluß auf die einheimische Bevölkerung. Es war im Charakter und in der fremden unverständlichen Sprache dieser Iren oder, wie sie allgemein hießen, Schotten begründet, daß eine Annäherung an das landeseingesessene Volkselement sehr erschwert war und daß erst allmählich auch Einheimische diesen Klöstern beitraten. Aber noch in der ersten Hälfte des 9. Jahrhunderts weisen die Klosterlisten einen hohen Prozentsatz Iro-Schotten auf. Eine gründliche Reform dieser Mönchssiedelungen und damit die Herbeiführung einheitlich geregelter und sicherer Zustände erfolgte durch Einführung der Benediktinerregel im ersten Viertel des 8. Jahrhunderts. Diese Reform ist in der Hauptsache das Werk Pirmins, der außer verschiedenen elsässischen Klöstern bei uns die Reichenau, Gengenbach, Schwarzach und Schuttern gründete bzw. an die neue Regel anschloß.

Das höchste Alter unter den ortenauischen Klöstern beansprucht außer Ettenheimmünster, dessen Anfänge uns oben schon bekannt geworden sind, Schuttern. Die älteste Bezeichnung Offoniswilare oder Offunwilare, mit der das Kloster in der ältesten echten Urkunde aus dem ersten Viertel des 9. Jahrhunderts benannt wird, zeigt, daß die Klostergründung an eine bestehende bürgerliche Ansiedelung anknüpfte und daß nach der richtigen Etymologie Offoni nur als Namengeber oder ursprünglicher Besitzer, wenn nicht Gründer der letzteren, nicht aber der ersteren in Betracht kommen kann. Die spätere Tradition kehrte dieses Verhältnis um, machte einen Offo zum Stifter des Klosters und identifizierte ihn, trotzdem es eine etymologische Unmöglichkeit ist, mit dem von Beda Venerabilis her bekannten englischen Prinzen oder auch König Offa, der den Thron verlassen und in Rom Mönch geworden ist (Anfang 8. Jahrh.). Nach der Schutterner Legende sei er zur Zeit Gregors des Großen (603), also 100 Jahre früher als der historische Offa lebte, mit zahlreichen seiner angelsächsischen Landsleute in die Mortenau gekommen, habe zunächst am Flusse Kinzinga eine Burg erbaut, woraus sich die Stadt Offenburg entwickelt hätte; nach einer nach Rom unternommenen Reise habe er dann am Flüßchen Schutter ein Kloster gegründet, dessen Kirche der Gottesmutter, dem Johannes Baptista und Petrus und Paulus geweiht wurde. Bereits Kaiser (!) Dagobert habe 630 laut einer noch erhaltenen vom Jahre 705 datierten, heute aber als Fälschung des 12. Jahrhunderts erkannten Urkunde auf Anregung des Bischofs Arbogast einen Hof in Herlisheim geschenkt. Einen ersten Keim dieser Legende können wir in der seit Anfang des 11. Jahrhunderts auftauchenden Benennung Offoniscella, Kloster, nicht Weiler des Offoni erblicken. Damit ist bereits aus dem Offoni, der dem Weiler oder der bürgerlichen Ansiedelung den Namen gab, ein heiligmäßiger Mann und Zellengründer geworden. Man hat später dem Gründer ein Grabmonument in der Kirche errichtet und seinen Todestag (14. Januar) liturgisch gefeiert. Darin dürfte die Legende ja wohl das Richtige annähernd getroffen haben, daß sie die Entstehung der klösterlichen Siedelung noch in das 7. Jahrhundert verweist und sie Angelsachsen zuschreibt. Es war in seinen Anfängen, wie Honau, Ettenheimmünster und St. Trudpert, eine Einsiedelei; und wenn noch nach der Verbrüderungsliste aus dem ersten Viertel des 9. Jahrhunderts das Kloster angelsächsische Insassen beherbergte, so sind solche wohl auch früher vorhanden, wenn nicht gar direkt an seiner Gründung beteiligt gewesen, wie es in der Frühzeit des germanischen Christentums fast durchgängig Regel war. Nach jener Brüderliste des Klosters im Verbrüderungsbuch der Reichenau, sowie nach einem Kapitulare Ludwigs des Frommen, wonach es unter den 14 bedeutendsten Reichsabteien aufgezählt wird, die zu Abgaben und Stellung von Mannschaften in Kriegszeiten angehalten sind, ist Schuttern ein sehr wichtiges und stark bevölkertes Kloster, das schon eine längere Vergangenheit hinter sich haben muß. Daß es noch über das 8. Jahrhundert hinabreicht, geht auch aus der Tatsache hervor, daß schon zur Zeit Pirmins eine Klosterniederlassung bestand, der dieser Klosterreformator eine feste, d. h. die benediktinische Regel gab. Auch die Patrone der Klosterkirche, Maria und Peter und Paul, weisen als typische Kirchen- und Klosterpatrone frühfränkischer Zeit auf einen derart frühen Ursprung. Für die älteste Zeit haben Chronisten und Historiker eine Abtsliste überliefert, die auf Geschichtlichkeit keinen Anspruch erheben kann. Wie bei all den iro-schottischen Gründungen ein eigentlicher Oberer aus der Anfangszeit selten bekannt ist, so hatte sich auch von der Siedelung in Offoniswilare keinerlei Erinnerung an eine leitende Persönlichkeit bis zur Pirminschen Reform erhalten. Es entspricht somit ganz der Wirklichkeit, wenn in der Verbrüderungsliste aus dem Beginn des 9. Jahrhunderts nur fünf Äbte aufgezählt sind, die sich auf die zweite Hälfte des 8. und die erste des 9. Jahrhunderts verteilen; es sind die Äbte Beretrich, Erchanbert, Wenibert, Adalbert, Petrus.

Etwas klarer als bei Schuttern ist die Frühgeschichte von Honau, einem ausgesprochenen Schottenkloster, dessen Gründung dem Bruder der hl. Ottilie, Adalbert, einem Sohn des Herzogs Ethiko, zuzuschreiben ist. Eine Urkunde Pippins, die etwa 748 ausgestellt wurde, läßt die Gründung sub Adalberto Duce vor sich gehen; in einem von Straßburg und von 722, datierten Urkundenfragment schenkt Adalbert die Rheininsel, auf der das Kloster errichtet war und ebenso Adalberts Söhne Herzog Liutfrid und Graf Eberhard ihren Anteil. Wenn wir Adalbert als den Begründer des Besitzstandes, als eigentlichen Dotator des Klosters festhalten, so kann sehr gut der Bischof und erste Abt Benedikt noch als Gründer in Betracht kommen, der uns in einer Urkunde Karls des Großen aus der Zeit von 772—74 genannt wird. Die Niederlassung wird hier ausdrücklich als Schottenkloster charakterisiert. Tatsächlich ist das keltische Element hier vorherrschend; die Mehrzahl seiner ältesten Äbte (Duban, Egidan, Forgal, Adalloch) trägt irische Namen. Außerdem entsprach die innere Organisation ganz der Eigenart iro-schottischer Klöster. Die sechs ersten Äbte (Benedikt, Duban, Stephan, Beatus, Egidan, Thomas) führen noch zugleich den Bischofstitel, wie es auch sonstwo in den Klöstern der keltischen Kirche der Fall war. Ohne besondere Jurisdiktion nach außen, hatten sie wohl nur das Recht, gewisse kirchliche Funktionen neben dem Ordinarius in einem Landsprengel als eine Art Chorbischöfe oder auch nur in ihrem Klosterbezirk vorzunehmen. Als Patron hatte das Kloster den hl. Michael, der neben dem hl. Martin auch sonst bei den frühesten fränkischen Kirchen vorkommt, und als Nebenpatrone die zwei Apostelfürsten. Kommt in diesem Patronatsverhältnis mehr der Einfluß der fränkischen Stifter zum Ausdruck, so in dem von Honau aus gepflegten Kult der hl. Brigida der nationale Sinn der Mönche. Das Kloster besaß einen Teil ihres Leibes und hatte auch eine besondere Brigidakapelle. Die verschiedenen Brigidenkirchen und -kapellen in der Ortenau (Diersheim, Iffezheim, Niederschopfheim, Sasbach, Urloffen, Weitenung) gehen sicherlich auf Honausche Anregung zurück und verraten gleichzeitig auch, wie noch heute fortlebende lokale Benennungen („Schottenhof", „in den Schotten") die Besitzverhältnisse des Klosters. Auch in den sehr frühen Pfarrorten der Umgebung (Steinbach mit der Jakobskirche und Sinzheim mit einer Martinskirche) läßt sich Honauer Besitz nachweisen, wie überhaupt Honau die reichstbegüterte Abtei der Zeit war (Besitz in 41 Orten). So sehr die Gunst einflußreicher Personen über den Anfängen der Honauer Siedelung ruht und sie ins helle Licht der Geschichte rückt, so sehr waltet über ihren späteren Geschicken ein Unstern. Im 11. Jahrhundert schon wurde sie in ein Chorherrenstift verwandelt. Die Insel wurde nach und nach vom Rhein verschlungen, so daß man im 13. Jahrhundert sich genötigt sah, das Kloster nach Rheinau und von da noch später aus gleichem Grunde nach Straßburg (Abt St. Peter) zu verlegen.

Ungefähr der gleichen Zeit wie Honau gehört das benachbarte, anfangs ihm auch schicksalsverwandte Kloster Schwarzach an, das unter dem Namen Arnulfesau um 727 von dem vir illustris Rothard auf einer Rheininsel bei Drusenheim gegründet und reich mit linksrheinischen und mortenauischen Gütern dotiert wurde. Soviel läßt sich einer Urkunde Bischof Heddos von Straßburg aus dem Jahre 748 entnehmen, die als Abt Saroard nennt und die Gründung der Benediktinerregel folgen läßt. Der Zeitpunkt der Gründung wie das Interesse, das Heddo an dem neuen Stifte nimmt, lassen es von vornherein als wahrscheinlich erscheinen, daß Pirmin bei der Errichtung der Arnulfesau beteiligt war und ihr im Gegensatz zum nahen Honau die Benediktinerregel gab. Ob man den Donator Rothard in den Zähringer Stammbaum aufnehmen darf, kann nur sehr hypothetisch bejaht werden. Eine ältere Chronik von Schuttern charakterisiert ihn als Dux Alsatiae et comes a Zeringen; die Annalen von Gengenbach lassen ihn 756 sterben und mit seiner Gemahlin Irmensinde in der ihm gleichfalls zugeschriebenen Stiftung Gengenbach beerdigt werden. Nach Lage der Verhältnisse kann es sich nur um einen fränkischen Gaugrafen handeln, dessen Stellung zum fränkischen Reich die Bezeichnung Dux in etwa rechtfertigen könnte. Mit den Zähringern kann insofern der Stifter Rothard in Zusammenhang gebracht werden, als die Zähringer seit dem 10. Jahrhundert als Inhaber der Grafschaft Ortenau und seit dem 11. Jahrhundert als Lehensträger des Bistums Bamberg und damit auch als Schirmvögte der Klöster Schuttern und Gengenbach erscheinen. Nach einem Brand genehmigte Kaiser Ludwig im Jahre 828 die Verlegung des Klosters von der Rheininsel, die sich inzwischen wohl als ebenso unsicherer Aufenthaltsort erwiesen hatte wie später die Honau und sehr unter Belästigung durch den Grafen Ruthelin zu leiden hatte, nach dem rechtsrheinischen Gestade in das Gebiet des Grafen Erchanger. Die neue Ansiedelung, die jetzt den Namen Schwarzach führte, erhob sich auf dem durch Rothard vermachten und zum Dinghof Ulm gehörenden Gelände Vallator, in der Nähe von Greffern. Eine letzte Umsiedelung war infolge der Bedrohung durch den Rhein um die Wende des 13. Jahrhunderts an die dauernd gebliebene Stätte notwendig. Im Verbrüderungsbuch der Reichenau erscheint Schwarzach zur Zeit seiner ersten Verlegung als recht ansehnliche Abtei; an ihrer Spitze stand damals Abt Job; als Vorgänger sind u. a. Agoald, Lupus und der als Bischof bezeichnete Dato genannt. Das Besitztum war sehr erheblich, sowohl in der Mortenau wie in Elsaß und in Oberbaden. Durch Tauschvertrag vom Jahre 961 trat das Kloster allein 19 Ortschaften der Baar (in ducatu Alemanniae) an den Bischof von Chur gegen die näher gelegenen Ortschaften Neuershausen und Dinglingen ab. Patrone des Klosters sind Petrus und Paulus und Nebenpatron der hl. Georg.

Über die Gründung von Gengenbach haben wir eine recht späte Nachricht in einer heute als unecht abgelehnten Urkunde Karls des Dicken vom Jahre 885. Darnach wird der gleiche Stifter wie für Schwarzach genannt der dux Rothardus. Noch früher wird der Bestand eines Klosters bezeugt durch die Vita Pirmini vom Anfang des 9. Jahrhunderts und das Verbrüderungsbuch der Reichenau ungefähr aus der gleichen Zeit. Die erstere Quelle bringt die Gründung in Zusammenhang mit dem hl. Pirmin, was dadurch an Wahrscheinlichkeit gewinnt, daß von vornherein die Benediktinerregel befolgt wurde. Das Kloster lehnte sich offenbar an eine schon vorhandene bürgerliche Ansiedelung an, die selber wieder auf den Trümmern römischen Lebens sich aufbaute, wie die verschiedentlich zutage gekommenen Funde und auch der Name Kastelberg noch bezeugen können. Wahrscheinlich erhob sich hier nach der fränkischen Okkupation ein Herrenhof, neben dem die sehr frühe Martinskirche entstand, später Leutkirche. Romanische Volksbestandteile scheinen sich in den nahen Seitentälern durch all die Wandlungen der frühgermanischen Geschichte hindurch erhalten und recht stark wie auch iro-schottische Zuwanderer an der Ansiedelung des Klosters mitgewirkt zu haben. Denn die Liste des Verbrüderungsbuches weist eine größere Zahl unverkennbar römischer Namen, aber auch nicht selten keltische Namen auf. Über die Anfangsgeschichte der Gengenbacher Abtei, selbst über seinen ursprünglichen Besitz, über den anderwärts fast immer Nachrichten vorliegen, kennen wir sehr wenig. Eine einzige Tatsache gleich aus der ältesten Zeit wissen die Annalen von Lorsch zu melden, daß 761 aus dem Musterkloster Gorze bei Metz Mönche nach Gengenbach kamen, um die Chrodegangsche Observanz durchzuführen. Patronin des Klosters ist die Gottesmutter mit den Nebenpatronen Petrus und Paulus, wie in Schuttern, Hohenburg und Ettenheimmünster. Das Verbrüderungsbuch von Reichenau enthält zwei Mönchslisten von Gengenbach, eine um 830, und eine vor 949 hergestellte. Aus ihnen läßt sich mit einiger Sicherheit die Reihenfolge der Äbte wenigstens des 9. Jahrhunderts feststellen. Als ältest bekannter kommt Geremundus in Betracht (ca. 815—825); es folgen Alframnus (825—828), Emilo, Adelhelm, Lando, Thomas (vor 925). Die traditionelle Äbtsliste, die eine größere Anzahl auch in Schuttern überlieferter Namen enthält, ist bis zum Jahre 1027 wenig zuverlässig.

Bei der Gründungsgeschichte von Gengenbach und Schwarzach mußte schon der Name des hl. Pirmin genannt werden, der durch die Gründung der Abtei Reichenau ein bleibendes Verdienst sich um die kirchengeschichtliche Entwicklung Badens wie um die Hebung der geistigen Kultur in Südwestdeutschland erworben hat. Er hat im wesentlichen das Christianisierungswerk in Alamannien zum Abschluß gebracht und ist in organisatorischer Hinsicht ähnlich segensreich und erfolgreich hier aufgetreten wie Bonifatius zu gleicher Zeit in Mitteldeutschland.

Über Pirmin existiert eine verhältnismäßig reichhaltige Literatur aus dem 9. und den folgenden Jahrhunderten; darin ist im wesentlichen die Tradition seiner wichtigsten Stiftung Reichenau festgehalten. Aber diese ganze Überlieferung, auch Hermanns des

Lahmen Mitteilungen, besitzt nur relativen Wert. Gerade die wichtigsten und kritischsten Punkte seines Lebens und seiner Wirksamkeit sind in undurchdringliches Dunkel gehüllt, in dem sich die Legendenphantasie wie historische Kombinationsgabe gleich ungehindert bewegen können. Auf verhältnismäßig festen Boden führen uns einige Urkunden über die Gründungen Pirmins. Sein früheres Leben bis zum Auftreten am Bodensee ist völlig unbekannt. Selbst über seine Herkunft besteht keine einheitliche Ansicht; am ehesten wird man ihn noch für einen Angelsachsen halten dürfen. In Urkunden für das Kloster Murbach wird er als episcopus bezeichnet und Hermannus Kontraktus ergänzt das durch die bestimmtere Angabe abbas et chorepiscopus. Als früheren Wirkungsort nennt die Vita das Castellum Melci, wo er unter Theuderich IV. Bischof gewesen sei. Zur Feststellung dieser Ortsangabe hat man schon im ganzen Frankenreich herumgesucht, am meisten Anspruch auf Richtigkeit dürfte der Hinweis auf das rätische von Gelpke genannte und von Bossert festgehaltene Mels oder auf das in der gleichen Gegend von Friedrich gesuchte Medelsertal mit Disentis haben. Es darf wohl angenommen werden, daß Pirmin bereits bisher die Leitung einer klösterlichen Niederlassung und gleichzeitig den Rang wenn auch nicht die Jurisdiktion eines Bischofs hatte, und daß durch seine frühere Tätigkeit die Aufmerksamkeit einflußreicher Personen auf ihn sich lenkte. Denn nach Hermannus Kontraktus erfolgte die Berufung Pirmins nach der Reichenau auf Anregung Karl Martells, der mit ihm durch die beiden Alamannenfürsten Nebi, den Sohn Huchings und Berthold bekannt geworden sei. Die Mission, die Pirmin zu übernehmen hatte, hatte somit auch einen politischen Hintergrund, der uns deutlich genug aus der weiteren Entwicklung der Verhältnisse am Bodensee entgegentritt. Gerade zur Zeit, da das Selbständigkeitsgefühl der Alamannenherzöge ganz enorm gewachsen war und Lantfrid noch eben in so stolzer Sprache die Stellung des Alamannenvolkes zu Christentum und Kirche proklamiert hatte, mochte der fränkische Hausmeier es für geraten halten, zur weiteren Verfolgung seiner Pläne gleichfalls Einfluß in Alamannien und zwar auf dem von den Herzogssöhnen selber gewiesenen Weg über die Kirche zu gewinnen. Daß man aber soweit gehen darf, diese Gegensätzlichkeit politischer Faktore auch auf maßgebende kirchliche Kreise auszudehnen und hier in bewußtem Sinne sich auswirken zu lassen, derart, daß es heißen könnte: hie Reichenau, hie Konstanz und St. Gallen scheint doch eine zu weit getriebene Kombination ohne genügende Unterlage zu sein. Wir hören von keinerlei Opposition des Konstanzer Bischofs gegen die neue Gründung, noch auch, daß später Herzog Theudebald diese selber zu unterdrücken versucht hätte.

Der eigentliche Gründungsakt (724) scheint in der Weise vor sich gegangen zu sein, daß Karl Martell auf Empfehlung vornehmer Alamannen, vielleicht des Herzogs Lantfrid und des Grafen Berthold, dem „Bischof" Pirmin zu einer neueren Siedelung die Sintlazau anwies. So lautet der von der Legende noch nicht überwucherte Bericht Hermanns des Lahmen, nur daß er den Herzog Lantfrid ausschaltet; Pirmin hat nach der gleichen Quelle auf der Insel die Schlangen vertrieben, d. h. sie gerodet und innerhalb von drei Jahren das klösterliche Leben begründet. Die Legende hat dieses einfache Verhältnis etwas reicher gestaltet. Bevor Pirmin dem Rufe Karl Martells nach der Reichenau folgte, begab er sich zuerst nach Rom und ließ sich dort, wie es in Wirklichkeit Bonifaz getan, unbeschränkte Mission vom Papste geben und in politischer Hinsicht eine förmliche Bestätigungsurkunde von Theuderich IV. Zugleich wurde auch dem einfachen örtlichen Begriff Sintlazau dadurch mehr Leben verliehen, daß daraus das Besitztum eines Grafen Sintlaz vom Schlosse Sandegk gemacht wurde, der von sich aus den Ruf an Pirmin ergehen ließ. Es versteht sich, daß durch all diese Ausschmückungen eine allseitige Legitimierung und Sicherung der Gründung versucht werden sollte; daß damit auch Widersprüche gegen geschichtliche Tatsachen ausgesprochen wurden, darum kümmerte man sich weniger. Auch manche typische Züge weist die ausschmückende Erzählung auf, wie z. B. den in Legenden immer wiederkehrenden der Romreise, um formell vom Papst sich Auftrag zu einer Mission geben zu lassen. Die Stiftungsurkunden Karl Martells vom 25. April 724 müssen allerdings heute auch als Fälschungen hingenommen werden; aber nach Brandis Nachweis liegt ihnen doch ein echtes an Herzog Lantfrid und Grafen Bertoald gerichtetes Aktenstück zugrunde, durch das der Hausmeier dem Bischof Pirmin zur Gründung eines Klosters die Sintlazau nebst 6 Orten und 24 Knechten zur Rodung des Geländes überläßt. Der Gründung wurde von vornherein die Benediktinerregel gegeben, die im übrigen Frankenreich bereits in vielen Klöstern ihren Einzug gehalten und einen reformierenden Einfluß ausgeübt hatte. Nach nur dreijähriger Wirksamkeit (727) auf der Reichenau mußte Pirmin seine Gründung verlassen. Herzog Theudebald ließ die Gegnerschaft gegen Karl Martell an seinem Schützling aus, aber weniger aus Ärger über die reiche Dotierung des Klosters, wie Hermannus Kontraktus glauben machen will, sondern allem zufolge aus politischem Antagonismus. Es ist immerhin bezeichnend für die Stellung des Alamannenherzogs, daß Karl Martell den von ihm mit der Gründung beauftragten Pirmin nicht hielt, und daß ein aus politischen und nationalen Rücksichten möglichst genehmer Nachfolger in der Person Heddos, nach einer unrichtigen Legende des Enkels des elsässischen Herzogs Ethiko bestellt wurde. Aber auch Heddo mußte nach fünf Jahren den Verfolgungen Theudebalds vorübergehend weichen; doch konnte er nach dessen Beseitigung wieder bis zu seiner Erhebung auf den bischöflichen Stuhl von Straßburg die Abtswürde weiter bekleiden. Das Kloster selber erlebte in kurzer Zeit einen raschen Aufschwung, so daß schon Tochterklöster in Altaich und Pfäffers gegründet werden konnten.

Pirmin nahm seinen Weg zunächst ins Elsaß, wo er den vollen Ausbau des kurz zuvor von Graf Ebrochardus, einem anderen Enkel Ethikos gegründeten Klosters Murbach durchführen konnte. Aber schon 728 erscheint hier ein Abt Romanus; Pirmin nahm seine Reformaufgabe in anderen Klöstern Alamanniens, hauptsächlich im Elsaß und in der Mortenau auf. Die Angaben über Umfang und Art dieser Wirksamkeit sind recht schwankend. Doch wird man ihm mit Sicherheit die Reform oder Neugründung von Maursmünster, Neuweiler, Schuttern, Gengenbach und Schwarzach zuschreiben dürfen. Die Reform bestand im wesentlichen wohl in der Einführung der Benediktinerregel, die ein stabileres und geregelteres Leben unter den Mönchen garantierte. Die letzte Station seiner Wirksamkeit wurde das von ihm gegründete Kloster Hornbach in der Rheinpfalz; hier ist er ums Jahr 753 gestorben und beerdigt worden (später nach der Universitätskirche zu Innsbruck übergeführt).

Pirmin ist aber nicht nur Patriarch des alamannischen Mönchstums geworden; er war ebenso eifrig und willig, ebenso erfolgreich tätig in der Missionierung des Volkes. Von allen Stätten seiner

Tätigkeit, wo er längere Zeit wirkte, wird uns von dem Zulauf der Menschen zu seinen Predigten und zur Sakramentenspendung berichtet. Ein Mann von starkem leidenschaftlichen Temperament, das mit sich fortreißt, auch wo die innere Überzeugung noch nicht begründet ist, wie etwa Columba, war Pirmin nicht. Er war mehr ein organisatorisches Talent, das Ordnung schafft und Gesetzmäßigkeit liebt. Den besten Einblick in seine Auffassungsweise, in seinen durchaus klugen, praktischen Sinn, zugleich auch in seine wissenschaftliche Bildung gewähren uns die von ihm verfaßten Dicta Abbatis Pirminii de singulis libris canonicis scarapsus, ein Vademecum für den Missionär und Seelsorger unter den Germanen der Frühzeit. Der äußeren Form nach roh und fast unverständlich, enthüllt uns dieses Handbuch den ganzen Tiefstand literarischer und theologischer Bildung. Nur mühsam, unter ständigen Verstößen massivster Art gegen Grammatik und Syntax konnte der Heilige seine Gedanken fixieren. Der Umfang seiner Gelehrsamkeit ist ein eng begrenzter. Sie umfaßt das Allernotwendigste für einen Kleriker, die Ordensregel Benedikts, Isidors v. Sevilla Etymologien, das Konversationslexikon für den frühmittelalterlichen Klerus, die hl. Schrift und noch die in fränkischer Zeit vielgelesene Schrift Martins v. Bracara De Correctione rusticorum. Der erste Teil, der eine Art Dogmatik enthält, zeichnet in großen Zügen die Heilsgeschichte der Menschheit von den Tagen der Schöpfung bis zum Weltgerichtsmorgen. Man hat aus diesem nicht gerade originellen, weil vielfach nachweisbaren Abriß der Entwicklung der Heilsführung der Menschen mancherlei sonderbare Schlüsse auf das religiöse Ideal Pirmins, auf eine Art Gegensatz zwischen seiner christuszentrischen Religiosität und der in Äußerlichkeiten aufgehenden offiziellen Kirchlichkeit der Alamannen gezogen. Körber nennt ihn darob einen demütigen Bibelchristen und Bossert stellt auch dieses Moment unter scharfer Zuspitzung in den politischen und kirchenpolitischen Konflikt zwischen den Alamannenherzögen und den fränkischen Hausmeiern hinein. „Man konnte sich nicht verbergen, daß das eine andere Art der Frömmigkeit war, die Pirmin pflanzte, als das Musterchristentum, welches Lantfrid durch die Lex Alamannorum befördern wollte. Vor allem predigte Pirmin Christum als Erlöser und prägte dem Volke den Gegensatz von Sünde und Gnade scharf ein, während Christus selbst im Alamannengesetz gar nicht genannt ist und das ganze Christentum in die Furcht Gottes und in die Ehre der Kirche zusammenzuschrumpfen drohte". Man wird nun gewiß zugeben müssen, daß das nächste Ziel eines Gesetzgebers und eines Missionspredigers jeweils ein anderes ist und daß der erstere sicherlich andere Dinge einzuschärfen hat als der letztere; aber auch wo beide dasselbe berühren, wird die gesetzliche Formulierung doch wesentlich anders ausfallen als die paränetisch homiletische. Der alamannische Gesetzgeber hatte das Verhältnis des Volkes zum organisierten Christentum, d. h. zur Kirche, nicht aber zu Christus zu regeln und das äußere Handeln der Menschen zu ordnen, nicht aber ein Glaubensbekenntnis und eine Sittenlehre zu entwerfen. Aber auch ganz abgesehen davon, daß man aus Pirmins Dicta eine solche innere Gegensätzlichkeit herauszulesen nicht berechtigt ist, enthält die Schrift in ihrem ersten Teil nichts anderes wie die typische Form einer Missionspredigt. Auch in der Vita Galls von Walahfrid Strabo (I, 25) begegnet das Schema einer solchen, die vor dem zum Bischof von Konstanz erwählten Diakon Johannes vom hl. Gall gehalten wird. Wie in den paulinischen Reden nur die wichtigsten Heilstatsachen erzählt sind, so ist auch hier die Heilslehre nur aus den einfachsten Quadern ungefüg und ohne Vermittlung einer tüftelnden Spekulation zusammengefügt; und diese Tatsachen sind für Pirmin nur das Substrat für die moralische Nutzanwendung. Auf solch schlicht einfache, klar durchsichtige Weise wollte Pirmin das jeder religiösen Voraussetzung bare Volk belehren und nur auf solche Weise konnte es ihm gelingen.

Was der Schrift ein besonders frisches Gepräge und hohen kulturgeschichtlichen Wert verleiht, sind die Anspielungen auf die Zustände im Volk, die allerdings auch zum großen Teil bei Martin v. Bracara sich finden. Das Volk war wohl christlich, aber, wie es bei der verhältnismäßig raschen und doch sehr primitiven Christianisierung nicht anders denkbar ist, nur äußerlich, ohne daß christlicher Glaube und christliche Sitte ins Denken und Leben der Menschen eingedrungen wäre. Die ungezügelte Leidenschaftlichkeit und Raufsucht hatte auch das Christentum nicht gemildert und der strengen Auffassung, die die Kirche hinsichtlich der Ehe statuierte, hatte man sich überhaupt nicht gefügt. Man ging selbst über die Gründe, die Pirmin für die Ehescheidung gelten ließ (Ehebruch und Ehebruchsverdacht) noch hinaus und sah in der Unfruchtbarkeit, Häßlichkeit, ja selbst im Altern, im üblen Geruch, im Zorn, im leichten Wandel, im böswilligen Verlassen, in der Lüsternheit, in der Genuß- und Schmähsucht und in der Dummheit der Frau genügende Gründe gravierender Art, sie zu entlassen. Aber auch sonst waren trotz Taufe und trotz christlichem Gottesdienst hunderte und tausende heidnische Gebräuche und Gepflogenheiten aus römischer Vergangenheit und weit mehr aus germanischem Heidentum erhalten geblieben und bestimmten und regelten das Leben in den wichtigsten Fragen. Die uralte Sitte, das Geheimnisvolle und auch das Schreckhafte, an das man seit undenklichen Zeiten sich hielt, hatten diese Verrichtungen und Gewohnheiten weit mehr geheiligt als alle christlichen Satzungen es waren. Noch immer wanderte man im nächtlichen Dunkel an die Kreuzwege und an die hl. Quellen und in die Schluchten, erfüllte dort sein Gelübde und hing hölzerne Nachbildungen von Gliedmaßen auf zum Dank für erhaltene Genesung; man hielt noch immer die uralten Opfertänze, selbst vor den Kirchen, rezitierte die Zauberformeln und gebrauchte Zaubertränke. Am 7. Juni beging man noch die Vulkanalien, wobei man lebendige Fische zur Errettung der armen Seelen ins Feuer warf. Aus abergläubischer Anschauung bekränzte man die Häuser mit grünen Baumzweigen. Man segnete den Quell durch Einwerfen von Brot und sicherte sich Fruchtbarkeit für Neupflanzungen, indem man sie mit Wein und Getreide begoß. Beliebt waren die Hochzeiten am Tag der Freya, die Reisen an den eigentlichen Glückstagen und die Anrufung von Frau Holle (Minerva) am Spinnrocken. Geblieben waren auch die finsteren Mächte in der Anschauung dieser Menschen. Wie man die holden Götter durch Weihgaben sich günstig stimmte, so schützte man sich gegen die bösen, indem man Amulette trug, Heilkräuter und Bernsteinstücke an sich nahm. Noch versuchte man das Wettermachen und die Rätsel der Zukunft zu entschleiern durch Befragen weiser Frauen, durch das Werfen des Loses, durch Zauberer, durch Beobachtung des Niesens, des Vogelfluges und andere magische Zeichen. Gegen diesen harten Bodensatz des Heidentums, der mit dem innersten Wesen, mit den heiligsten Empfindungen und den teuersten Erinnerungen dieser Menschen verwachsen war, anzugehen, war nicht leicht. Pirmin wandte dagegen nicht Gewalt und nicht Drohungen, auch nicht heftiges Geschelte an, sondern, wie es später auch Hraban noch tat, das Mittel einfacher schlichter Belehrung, indem er die Schönheit und Wirkungskraft christlicher Wahrheit und Sitte dagegen stellte. Gewohnheiten, die den Alamannen ans Herz gewachsen waren, weil sie seinen einfachen Herzensbedürfnissen entsprachen, wurden nicht radikal ausgerottet, sondern durch möglichst entsprechende christliche Verrichtungen ersetzt. Der Glaube an die Wunderkraft des hl. Quells fand jetzt im Taufbrunnen und im Weihwasser volle Befriedigung; und auf den entlegenen Höhen und Waldesschluchten, wo man sonst Wodan zu feiern nicht vergessen konnte, erhoben sich die Michaelskirchen, die bei Heidelberg auf dem Aberinesberg, bei Untergrombach oder bei Riegel. Eine solche Ersetzung heidnischer Göttergestalten durch christliche Heiligen muß auch bei den drei weiblichen Heiligen Einbet, Worbet und Wilbet angenommen werden, die an Stelle der germanischen Nornen traten. In Baden finden sich Kapellen ihnen zu Ehren, abseits der menschlichen Siedelungen, bei Freiburg und auf dem Kastelberg bei Gengenbach. Die kirchlichen Heiligenfeste wurden, wie schon Gregor der Große in einer beachtenswerten Pastoralinstruktion angeordnet hatte, mit Vorliebe auf heidnische Feiertage verlegt; die Tempel vielfach in christliche Kirchen umgeändert und an Festtagen feierlich mit Laubgewinde geschmückt. Auf diese Weise wurden die Heiligen der Kirche den Neubekehrten menschlich nahe gebracht, noch bevor sie ihnen näher bekannt waren, und wurden bald ihre vielseitigen Helfer und Berater in den Nöten des Lebens. Christi Lehre wuchs so doch allmählich auch in den festgewachsenen Wurzelboden heidnischer Anschauungen und heidnischen Geistes und bildete langsam die Deutschen um zum Träger und Schöpfer des christlichen Mittelalters.

Der Fortschritt, den die Benediktinerregel gegenüber der älteren Columbaregel brachte, beruht in der klaren und bestimmten Ordnung der inneren Verfassung der Klöster. Bei den Columbaklöstern war eine solche Regelung durch die jeweils an der Spitze stehende Persönlichkeit selber vorgenommen worden, aber dauernde Verhältnisse konnten dadurch nicht geschaffen werden. So kann es auch nicht wundernehmen, daß die Benediktinerregel ohne eigentliche Schwierigkeiten ihren Einzug in die schon bestehenden klösterlichen Niederlassungen hielt. Dazu kam noch, daß all diese Benediktinerklöster, namentlich die von Pirmin gegründeten bzw. reformierten, wenn nicht eine eigentliche Kongregation untereinander bildeten, so doch durch gewisse gemeinsame Interessen zusammengeschlossen sich fühlten; zur Hebung des gesunkenen Klostergeistes trug dieses Zusammengehörigkeitsgefühl nicht unerheblich bei. Es sicherte die Wahl tüchtiger Äbte, da im Falle des Mangels geeigneter Persönlichkeiten an einem Orte von einem anderen Kloster geeignete Mönche zur Übernahme der Leitung berufen werden konnten; in gleicher Weise konnte auch stets beim Nachlassen der Disziplin in einer Abtei neues, gesundes Blut von einer anderen zugeführt werden. Bald nahm dieser Zusammenschluß der Klöster auch noch die Form religiöser Bruderschaftsverbände an, durch die vorab die geistig-religiösen Interessen unter den Mönchen der einzelnen Klöster, sowohl der lebenden wie der toten, durch gemeinsame Gebetsvorschriften gepflegt werden sollen. Für die Frühzeit kommen in unserem Gebiet die Verbrüderungen von St. Gallen, Reichenau, Pfäfers und Remiremont in Betracht; namentlich der der Reichenau sind alle unsere alten Klöster angeschlossen.

Außer den großen schon behandelten Niederlassungen kommen noch einige kleinere oder weniger hervorgetretene in Betracht. So hatte Konstanz ein Schottenkloster, dessen früheste Geschichte sich aber völlig im Dunkel verliert. Erst seit der Erhebung zur Abtei (1245) wird seine urkundliche Bezeugung häufiger. Nach Buzelin soll das dem Patronat des hl. Jakob wie die Schottenklöster in Würzburg und Regensburg unterstellte Kloster 653 gestiftet und 701 in die Vorstadt Paradies verlegt worden sein. Ferner bestand ein Klösterchen in Schienen am Radolfszeller See, das wohl von Reichenau aus besiedelt wurde, zu dem es von Anfang an in nahen Beziehungen steht. Die spätere Tradition verlegt die Gründung ins Jahr 799/800 und damit dürfte es seine Richtigkeit haben; das Kloster erscheint bereits in den Verbrüderungslisten von St. Gallen und Reichenau (aus der 1. Hälfte des 9. Jahrhunderts); noch später in denen von Pfäfers und Remiremont. Ein Reichenauer Mönch hat um 830 einen Bericht über die Translation der Reliquien des hl. Genesius nach Schienen und über die bereits vorgefallenen Wunder verfaßt; danach wurden die Leiber des hl. Genesius und Eugenius durch einen Grafen Gebhard von Jerusalem nach Treviso gebracht; von dort erfolgte die Translation eines Oberschenkels des hl. Genesius durch einen am Bodensee ansässigen und in Diensten des Königs Pippin von Italien stehenden Scrot, comes Florentinae Civitatis; er habe den Reliquien auf seinem Besitztum eine würdige Aufbewahrungsstätte angewiesen, worunter wohl eine Kirche oder Kapelle zu verstehen ist. Gelegentlich hat man das Kloster Schienen auch mit einem der zwei vom Grafen Hatto von Hegau gestifteten identifiziert, die in einem Brief des Papstes Nicolaus I. an den deutschen Episkopat genannt werden. Hattos Sohn Lambert soll für eines dieser Klöster, die Neugart auf dem Hohentwiel und Schienener Berg sucht, als Abt bestimmt gewesen sein, wurde aber durch den Papst von den erzwungenen Klostergelübden wieder entbunden. So dürftig auch die Anhaltspunkte sind, die wir aus der Nomenklatur der vier Verbrüderungslisten erschließen können, so geht daraus doch soviel hervor, daß Hatto als Gründer und Lambert als präsumtiver Abt für Schienen nicht in Frage kommen können. Wohl weist die Remiremonter Liste für die zweite Hälfte des 9. Jahrhunderts einen Abt Lambert auf, der aber nur dann mit dem Knaben Lambert des Papstbriefes identifiziert werden kann, wenn er von seiner päpstlichen Dispens keinen Gebrauch machte und sich später im Klosterberuf besser zurechtfand. Die Liste der früheren Äbte läßt sich nur mit einiger Wahrscheinlichkeit in folgender Reihenfolge wiederherstellen: Ambricho, Hetti, Adalram, Kerhelm, Lambert, Engilpret (etwa um die Wende vom 9./10. Jahrhundert). Sehr bedeutend ist offenbar die Siedelung nie gewesen, wenn ihr auch reiche Zuwendungen gemacht wurden; die Listen der Verbrüderungsbücher enthalten weit mehr Namen von Wohltätern als von Mönchen. Die spätere Tradition weiß von früher Mißwirtschaft zu berichten, so daß im 10. Jahrhundert unter Ludwig dem Kind die Abtei in eine Propstei umgewandelt wurde und an die Reichenau kam. Weniger noch als über Schienen wissen wir über das nahe Klösterchen auf dem Hohentwiel, dessen Gründung dem Herzog Burkhard II., dem Gemahl der berühmten Hadwig zugeschrieben wird. Es begegnet uns schon im Reichenauer Verbrüderungsbuch mit einem einzigen Abtsnamen Walahfredus, der ums Jahr 880 anzusetzen ist. Wegen der Unbequemlichkeit des Aufstiegs wurde das Kloster später nach Stein a. Rh. verlegt und von Heinrich II. an das Stift Bamberg vergabt. Auch des viel bedeutsameren Klosters Rheinau muß hier noch gedacht werden, weil es durch seine Besitzverhältnisse und seine sonstigen Einflüsse auf den südlichen Teil von Baden nicht unerheblich eingewirkt und zu den wenigen unter den zahlreichen Klosterstiftungen dieser Zeit gehört, die sich geschichtliche Bedeutung verschafft haben. Errichtet wurde das Kloster 778 von Herzog Wolfhard, dem Sohn Ruthards und Schwiegervater Ludwigs des Frommen. Das erste halbe Jahrhundert der Gründung scheint wenig glücklich verlaufen zu sein, so daß Wolfhards Sohn Wolfinus oder Ethico und Enkel Wolfenus das Kloster von Grund aus wiederherstellen mußten; Wolfenus stand als geistiger Berater der Schottenmönch Fintan zur Seite, der 878 im Geruche der Heiligkeit gestorben ist. Nach der Neugründung und Neubesiedelung (mit Mönchen von St. Gallen und der Reichenau) erlangte Wolfenus durch Vermittelung Hrabans, des Konstanzer Bischofs Salomon und des Reichenauer Abtes Folkwin von Ludwig dem Deutschen das Recht der freien Abtswahl und die Bestellung eines eigenen Vogtes. Um die gleiche Zeit wurde der Leib des hl. Blasius von Rom nach Rheinau übertragen und verschaffte dem Kloster nicht geringen Ruhm; ein Teil davon wurde 866 oder 870 nach der Albzelle verbracht, aus der sich 100 Jahre später St. Blasien entwickelte. Von den Äbten der ersten Zeit sind nur die von der Neugründung durch Wolfenus an noch feststellbar; es scheint, daß ursprünglich nur eine kleine Einsiedelei bestanden hat, sonst hätte sich doch mindestens eine Erinnerung an die Vorsteher in die 885 für das Verbrüderungsbuch von St. Gallen abgefaßte Mönchsliste hinüberretten müssen. Als erster Abt begegnet uns um die Mitte des 9. Jahrhunderts der von St. Gallen durch Wolfen berufene Gozbert, ihm folgen Antwart, Wolfen, der Wiederhersteller des Klosters († 878), Wichram; im 10. Jahrhundert (963—975) der als Bischof von Konstanz und als Heiliger berühmt gewordene Konradus. Von dem nachmals so berühmt gewordenen Kloster St. Blasien genügt es, wenigstens der Anfänge in diesem Zusammenhang zu gedenken. Während die Albzelle im Albgau, offenbar eine kleine Siedelung um die Mitte des 9. Jahrhunderts, zur Förderung der Marienverehrung von Sigemar gestiftet wurde, wurde das eigentliche Kloster St. Blasien, „eine kleine Zelle zu Ehren des hl. Blasius", inmitten der Schwarzwaldeinsamkeit ums Jahr 948 gegründet und mit dem Flußgebiet der Alb und Schwarza dotiert. Da die eigentliche Geschichte des Klosters aber jenseits des gewählten Endtermins dieser Arbeit liegt, kann darauf nicht näher eingegangen werden. Es ist bemerkenswert, daß außer der Mortenau und dem Bodenseegebiet kein anderer Teil Badens klösterliche Niederlassungen in der Frühzeit aufzuweisen hat. Während im Breisgau sehr früh die verschiedenen Urgründungen wie St. Gallen, Säckingen, Ettenheimmünster u. a. stark begütert und dadurch in der Lage waren, auch in religiöser Hinsicht dort ihren Einfluß geltend zu machen, begegnet uns nördlich der Oos zunächst kein derartiger Orientierungspunkt. Erst im eigentlichen Mittelalter entsteht in Odenheim ein Kloster, ein anderes in Lobenfeld u. a. a. O.; die Klöster Hirschau, Maulbronn, Herren- und Frauenalb, wie die Klöster im linksrheinischen Gebiet der Diözesen Straßburg, Speyer und Worms, vor allem Weißenburg, hatten damals ausgedehnten Besitz im Kraichgau und in der Pfalz. Auch von irgendwelchem Missionär, der in dieser Gegend gewirkt hätte, haben wir keinerlei Bericht. Wir müssen somit annehmen, daß das früheste Christianisierungswerk hier von den mit Herren- und Kronhöfen verbundenen Kirchen ausgegangen ist. Menzingen besaß jedenfalls schon 770 eine Basilika, bevor es an Lorsch kam. Lorsch ist dann im 8. Jahrhundert in Unterbaden das geworden, was St. Gallen und Säckingen für den südlichen Teil des Landes, der große Anziehungspunkt in besitzrechtlicher und der Lichtquell in geistiger und religiöser Hinsicht. Seine Gründung erfolgte 764 durch Wiliswind, die Witwe des am Rhein begüterten Grafen Rupert. Da letzterer mit Chrodegang verwandt war, darf es nicht wundernehmen, daß Chrodegangs Reformkloster Gorze die Besiedelung der Neugründung und die Organisation durchführte und daß sein Bruder Gundeland die Leitung bekam. Nicht nur private Persönlichkeiten, als der ersten einer der Kraichgaugraf Gerold um 779, mehrten das Besitztum des Klosters schon früh in erstaunlichem Maße, auch Karl der Große begabte es reich mit Gütern und Privilegien (772 Immunität, 773 freie Abtswahl). Noch im 8. Jahrhundert erhielt es in nächster Nähe ausgedehnte Besitzungen in Weinheim, Handschuhsheim und Schrießheim und fast der ganze Kraichgau kam im 8. und 9. Jahrhundert an Lorsch, das damals Besitzungen in Diedelsheim, Heidelsheim, Knittlingen, Menzingen, Mühlhausen, Münzesheim, Michelfeld, Mingolsheim, Neibsheim,

Odenheim, Owisheim, Oftringen, Ubstadt und Zeutern hatte; selbst im Breisgau wurden ihm noch Güter vermacht. Von Lorsch ging eine direkte Filialgründung auf badischem Boden aus, das kleine, nie zu rechter Bedeutung gelangte Klösterchen auf dem Heiligen- oder Aberinesberg bei Handschuhsheim, das unter Abt Thiotrich (865—873) gegründet und 882 von Ludwig dem Deutschen aus Domanialgütern dotiert wurde. Unter Abt Gerhard (883—893) wurde die Klosterkirche erbaut, deren Grundmauern vor etwa 25 Jahren freigelegt werden konnten. Der Patron des Klosters bzw. der Kirche, St. Michael, wurde gewählt entweder im Hinblick auf die hohe, überragende Lage des Ortes, in Erinnerung an die ähnlich gelegenen berühmten Michaelskultstätten in der Normandie und auf dem Gargano, oder mit Rücksicht auf eine vorchristliche Kultstätte; daß der Aberinesberg schon in germanischer und römischer Zeit besiedelt und umwehrt war, haben die zahlreichen darauf gemachten Funde dargetan. Vom Michaelskloster löste sich, wohl nach dem Vorbild der Stefanskirche bei Monte Cassino, eine weitere Filiale, das Kloster des hl. Stefanus und Laurentius ab, das von Propst Arnoldus 1094 auf dem über Heidelberg gelegenen Vorsprung des Aberinesberg (heute allein Heiligenberg genannt) gegründet wurde. In dem alten von langobardischer Bevölkerung noch durchsetzten Gau Wingarteiba, den man heute mit dem Bauland identifizieren darf, existierte in karolingischer Zeit schon eine Klosterniederlassung, Mosbach, aus deren Frühgeschichte aber nichts weiter bekannt ist als die Mönchsliste im Reichenauer Verbrüderungsbuch, mit den Abtsnamen Grimold und Hiltibret. Möglich, daß sie noch auf Pirmin zurückgeht, aber irgendwelche Belege haben wir nicht dafür. Sicher ist, daß sie auf Königsgut gegründet und mit Königsgut dotiert wurde. So war es auch möglich, daß Kaiser Otto II. das Kloster mit seinem ganzen Besitz von 23 Ortschaften dem Bischof Anno von Worms 976 zu eigen gab. Kurze Zeit darauf, um die Jahrtausendwende, dürfte es dann in ein Kollegiatstift verwandelt worden sein.

Manche dieser zahlreichen Klosterstiftungen fränkischer Zeit haben es nie zu irgendwelcher geschichtlichen oder kulturellen Rolle gebracht. Sie haben ihr Dasein dem Willen eines reichen Adligen, wie Schienen und Hohentwiel, zu verdanken gehabt, nicht aber dem Vorhandensein wirklicher Bedürfnisse oder bringlicher Aufgaben; sie sind darum ephemere Erscheinungen geblieben. Den anderen großen Klöstern aber muß ein Hauptverdienst an der christlichen Durchdringung des Landes selbst bis in seine entlegensten und unwirtlichsten Winkel zuerkannt werden. Die Voraussetzung aber für diese Missionswirksamkeit und zwar für eine ohne Propaganda ausgeübte, war der weit übers Land zerstreute Besitz der Urklöster. Wie das Kloster St. Gallen seine Güter bis tief in die Mortenau, ganz besonders im Breisgau liegen hatte, so hatte Schwarzach ausgedehntere Besitzungen selbst in der Baar und im Breisgau; Säckingen bis nach Ulm und Renchen in der Mortenau; St. Trudpert noch in Gamshurst, Lorsch sogar im Breisgau. Wo aber ein Dinghof, da erhob sich, wie bei den älteren Kron- und Herrenhöfen, auch alsbald ein Gotteshaus, das häufig genug zum Mittelpunkt einer bürgerlichen Ansiedelung wurde. Derart sind die Kirchen in Weinheim und Handschuhsheim, in Gölshausen, Mühlhausen (Wiesloch), Zeutern u. a. von Lorsch aus; die von Steinbach bei Bühl, Diersheim, Sasbach, Urloffen und Iffezheim von Honau aus, die von Stollhofen, Scherzheim, Sinzheim und Bimbuch von Schwarzach aus, die von Ebringen, Ewattingen, Kirchzarten, Merzhausen u. a. m. von St. Gallen aus entstanden. Ganz entsprechend hat auch der Besitz der Bischöfe zur Gründung von Gotteshäusern, wenn nicht überhaupt von bürgerlichen Niederlassungen in der Frühzeit geführt; teilweise hat sich die Erinnerung an solche Verhältnisse noch in Ortsnamen erhalten, wie in den von Kirchhofen und Bischoffingen (bischöflich Baselsche Dinghöfe), von Neckarbischofsheim und Tauberbischofsheim. So sind die zunächst nur für rein wirtschaftliche Zwecke errichteten Dinghöfe die Gotteshäuser, so wie in noch früherer Zeit die Dinghöfe der Franken nach der Okkupation ein wirksames Mittel geworden, das wohl dem Namen nach großenteils christliche Volk besser ins christliche Leben einzuführen. Man hat zwar auch versucht, in der Frage des Besitztums einen Gegensatz zwischen den columbanischen Klöstern, St. Gallen vor allem und den pirminschen Gründungen festzustellen und damit den ohnehin schon angenommenen Gegensatz kirchenpolitischer Art noch stärker zu unterstreichen. Wahr ist, daß für Pirmin der Mönch nur peregrinus, Fremdling, sein soll, der nichts sein eigen nennt und von den Dingen des Diesseits nur insoweit Gebrauch macht, als es notwendig ist, seine ewige Heimat zu erreichen. Aber hat nicht auch die Columbaregel in der gleichen bestimmten Art das Jenseitsziel ihren Jüngern eingeschärft? Und wenn St. Gallen unter der Vorliebe alamannischer Großen vom 8. Jahrhundert an weite Besitzungen erwirbt und reich wird, so hat die Reichenau auch alsbald nach ihrer Gründung reiche Zuwendungen empfangen und angenommen. Es läßt sich in diesem Punkt keinerlei abweichende Haltung beim einen wie andern Kloster beobachten; bei beiden ist auch gleich der edle Wetteifer, die Güter dieser Welt, die ihnen so freigebig von diesen neugewonnenen Christen dargebracht wurden, in einem großartigen Maße zur Schaffung einer geistigen und künstlerischen Kultur zu verwenden. In welch weltgeschichtlicher Weise die uns allein hier interessierende Reichenau diese Aufgabe gelöst hat, ist hier noch kurz zu zeigen.

Das erste halbe Jahrhundert war für die schon im Zeichen des Widerspruchs ins Dasein getretene Abtei nicht sehr erfreulich. Die Abhängigkeit vom Bischof von Konstanz, von der sie sich erst langsam faktisch, dann auch rechtlich losmachen konnte, hat jeden Aufschwung gelähmt. Wie das Kloster seine Selbständigkeit verlieren konnte, läßt sich nur vermuten; es geschah offenbar in dem vom Hofe aus geförderten Streben des Bischofs, seiner Jurisdiktionsgewalt in vollem Umfang allerwärts Geltung zu verschaffen. Erreicht wurde das Ziel dadurch, daß der Bischof, zuerst Arnefrid, gleichzeitig auch die Abtswürde der Reichenau (736 bis 746) an sich nahm. Ebenso regierten auch noch seine zwei nächsten Nachfolger, Sidonius und Johannes auf der Reichenau; erst nach des letzteren Tod erhielt das Kloster wieder einen eigenen Abt in der Person eines Petrus (782—786). Dessen Nachfolger Waldo (786—806), der als Abt von St. Gallen den Chikanen des Konstanzer Bischofs gewichen war, leitet die großartige Blütezeit der Reichenau ein. Er ist der Begründer der gelehrten Schule, die bald den älteren Instituten dieser Art, Fulda und der berühmten Palatinschule in Tours, an Leistungen und an Qualität der Lehrkräfte an die Seite treten konnte. Sie wurde in den nächsten drei Jahrhunderten ein Herd gelehrter Studien jeglicher Art, an dem die bedeutendsten Persönlichkeiten Deutschlands ihre Ausbildung erhalten; der Sitz eines regen literarischen Lebens, von dem die wichtigsten Erzeugnisse des Geistes in karolingischer und ottonischer Zeit ausgegangen sind. Unter Waldo wurde auch der Grund zu der bedeutenden Bibliothek gelegt, die unter dem berühmten Bibliothekar Reginbert schon gleich einen allseitigen Ausbau in allen Wissenszweigen und eine erstaunliche Ausdehnung bekam. Nach den Katalogen von 822 und 842 zählte sie schon etwa 400 Bände. 806 übernahm Waldo, der schon vorher vom König zum Bischof von Pavia und Basel ernannt worden war, die Leitung der hochangesehenen Abtei St. Denis. Sein Nachfolger auf der Reichenau wurde Hatto (806—822), der bisher der Klosterschule vorgestanden und Persönlichkeiten darin ausgebildet hatte wie Tatto und Grimald, später zu weiterer Ausbildung ins Reformkloster Aniane geschickt, Erlebald und Wettin, ebenfalls noch weiter in der Pfalzschule zu Tours gefördert, ferner Reginbert und Walahfrid. Hattos Verhältnis zum Hof war ähnlich wie später das der großen Bischöfe von Konstanz; er war der einflußreiche Berater Karls des Großen und wurde von ihm 811 mit einer Mission nach Konstantinopel betraut und auch sonst in jeder Hinsicht ausgezeichnet. So verlieh ihm der König noch das Bistum Basel. Unter ihm wuchs nicht nur das Ansehen und die Bedeutung der Klosterschule weiter, als neuen, vielleicht noch glänzenderen Ruhmestitel fügte er die Pflege und Förderung der christlichen Kunst hinzu, wodurch das Kloster bald eine führende Stellung in Süddeutschland erwarb und auf den Hauptgebieten der Kunst geradezu bahnbrechend geworden ist. Hattos Schöpfung ist wahrscheinlich die Münsterkirche in Mittelzell. Auch literarisch hat er sich durch einige Schriften hervorgetan, so durch einen verloren gegangenen Bericht über die Reise nach Konstantinopel und eine Visio Wettini. Wegen Krankheit legte er 822 die Abtswürde nieder und lebte noch längere Jahre als einfacher Mönch im Kloster († 836). Zum Nachfolger hatte er seinen Neffen Erlebald, der für die Reichenau einer der trefflichsten Äbte wurde. Unter ihm ist das schon vielfach genannte Verbrüderungsbuch der Abtei angelegt worden. Ihm wie seinem Vorgänger rühmt die spätere Zeit eine bedeutende Vergrößerung der Bibliothek nach; man veranlaßte angesehene Persönlichkeiten zum Schenken von Büchern oder ließ direkt durch Abschreiben Handschriften herstellen. Derart ließ Erlebald in der Reichenau wie in St. Denis Bücher anfertigen. Auch er legte frühzeitig seine Würde nieder (838, † 848), die Ruadhelm (838 bis 842), ebenfalls ein erfolgreicher Förderer der Bibliothek und

Schule, übernahm. Während der Regierungszeit Erlebalds unterstand letztere zuerst dem tüchtigen Wettin, einem nahen Verwandten Waldos († 824), dann dem in Alkuins Palatinschule gebildeten Tatto; neben diesen lehrten noch gleichzeitig Reginbert und Grimald. Der letztere stieg bald zu einer glänzenden Laufbahn empor. Ludwig der Deutsche ernannte ihn zum Kanzler und zum Abt von Weißenburg (sicherlich schon 833), 841 zum Abt von St. Gallen, wo er die bald zu höchstem Ansehen gelangte Schule ins Leben rief und auch für Erweiterung der Bibliothek namhaft sorgte, so wenig er auch selber bei seiner starken Inanspruchnahme durch den König, der ihm 854 noch das Amt eines Erzkapellans übertragen hatte, sich persönlich um die Abtei kümmern konnte. Wettins, Tattos und Grimalds bedeutendster Schüler auf der Reichenau war Walahfrid Strabo, der um 808 geboren, schon früh der klösterlichen Obhut anvertraut wurde; nach Wettins, seines väterlichen Gönners Tod, ging er nach Fulda zu Hraban. Auch von hier schied er 828 ziemlich unvermittelt, vielleicht fortgetrieben durch die Tragik der von seinem Mitschüler Gottschalk heraufbeschworenen Lehrkämpfe. In recht dürftigen Verhältnissen fand er schließlich Anstellung durch Kaiser Ludwig als Erzieher des späteren Königs Karl; als treue, warmherzige Natur hat er sich für diese Gunst durch manches Lobgedicht, besonders auf die gleichfalls aus Alamannien stammende Kaiserin Judith dankbar erzeigt. Um 838 scheint Walahfrid wieder in sein heimisches Kloster und zwar als Abt gekommen zu sein, für kurze Zeit freilich nur; denn der Erbstreit, der im karolingischen Hause nach seines Gönners Tode ausbrach, brachte auch Walahfrid in Mitleidenschaft. Als Anhänger Lothars zog er sich die Gegnerschaft der Kaiserin wie seines Zöglings Karl und den Verlust der Abtswürde zu. Doch wurde er nach dem Vertrag von Verdun wieder in sein Amt eingesetzt (843) und gewann auch Ludwigs des Deutschen Vertrauen in dem Grade wieder, daß er 849 mit einer Mission ins Westfrankenland geschickt wurde. Auf dieser Reise starb er. Walahfrid ist kein Mann der Aktion und einer festen entschiedenen Haltung; das hat sich bei diesen politischen Auseinandersetzungen am deutlichsten gezeigt. Seine Größe und Bedeutung liegt auf dem Gebiete der geistigen Interessen. Er war eine der hervorragendsten literarischen Größen des karolingischen Zeitalters; die literarische Renaissance ist durch

ihn von Fulda und dem Kaiserhof nach Alamannien verpflanzt
worden. Unter den Dichtern dieser Zeit ist er unbestritten einer
der ersten. Wenn er auch noch so sehr im antiken Formengeist
schafft, zu einem mechanischen, geistlosen Nachäffer ist er doch nie
geworden. Er weiß ein Stück Persönlichkeit, eigene Auffassung,
selbständige Erfassung einer Situation, ein gut Teil herzlichen
Humor überall zu geben. Zum Dichter war dieses aus bescheidensten
Verhältnissen hervorgegangene Alamannenkind eigentlich geboren;
mit 15 Jahren schon dichtet er und mit 18 Jahren bringt er
Hattos Visio Wettini in ein poetisches Gewand, eine kindlich
pietätsvolle Huldigung an das Kloster und seine Äbte, die ihm
seine ganze geistige Existenz gegeben haben. Neben zahlreichen
Gelegenheitsgedichten jeder Art hat er eine Anzahl kirchlicher
Hymnen, wie auf den hl. Gall, den hl. Januarius und das Mar-
tyrium des hl. Moritz, gedichtet. Auch als Historiker hat er einige
Schriften hinterlassen, so die oben schon berührte Vita des hl. Gall
und eine Vita Otmari. Die Mehrzahl seiner Schriften aber entfallen aufs Gebiet der Exegese und der Liturgik. Unter den exe-
getischen ist die wichtigste die Glossa ordinaria, eine wahre Fund-
grube patristischer Erläuterungen zu dem biblischen Text und deshalb von höchstem Ansehen während des ganzen Mittelalters. Eigene
Gedanken sind mit bewußter Absicht auf ein Minimum beschränkt;
in der kompilatorischen Methode erweist sich Walahfrid deutlich
als Schüler Hrabans, aber auch im Sinn und Interesse für liturgische Fragen. Der letzteren Neigung verdanken wir die für die
heutige Generation wertvollste Prosaschrift De ecclesiasticarum
rerum exordiis et incrementis, ein in mancher Hinsicht mit einer
Schrift Amalars oder mit Ausführungen Hrabans vergleichbares
liturgisches Handbuch, der frühesten eines, von Amalars Gegenstück aber dadurch verschieden, daß er die allegorische Deutungs-
weise möglichst zurückdrängt und mehr die geschichtliche Entwicklung ins Auge faßt. Durch Walahfrid ist das literarische Leben
auf der Reichenau geweckt und angeregt, ebenso auch nach dem
St. Galler bedeutenderen Vorbild die Sängerschule ins Leben ge-
rufen worden. Aber trotz einer regen literarischen Betätigung und
trotz einer fieberhaft betriebenen Aufstapelung von alten und neuen
Literaturschätzen, die geistige Spann- und Schaffenskraft war im
Erlahmen begriffen, es war mehr ein mechanisches handwerksmäßiges

Arbeiten; der große Impuls einer überragenden Persönlichkeit fehlte seit dem Tode des großen Karl und so beklagt es schon Walahfrid, daß zu seiner Zeit die Studien wieder in die Nacht der Barbarei zurücksinken und das Licht der Weisheit immer dürftiger und seltener wird. Der Niedergang des karolingischen Hauses mußte auch in dem von den Kaisern bisher so weitgehend begünstigten Kloster Folgen haben; einer der letzten kraftlosen Nachkommen Karls des Großen, Karl der Dicke, hat in der Kirche zu Mittelzell 888 seine letzte Ruhestätte gefunden. Immerhin ist der in den besten Tagen der Karolinger im Kloster grundgelegte Geist, die monastische Disziplin, das lebhafte Interesse für Wissenschaft und Kunst durch den Zusammenbruch des wohlwollenden Herrscherhauses nicht berührt worden. Gerade zur Zeit der Auflösung herrschte über die Reichenau eine tatkräftige Natur, Hatto III. (888—913), eine der ganz großen, markigen Figuren in der Ruhmeshalle deutscher Kirchenfürsten des 9. und 10. Jahrhunderts, an Einfluß und Macht seinen Freund Salomo III. von Konstanz noch überragend, namentlich seit ihm 891 noch das Erzbistum von Mainz anvertraut war; mit Salomo die zuverlässigste und stärkste Stütze des Königstums gegenüber den Selbständigkeitsbestrebungen der Herzöge. Schon unter Kaiser Arnulf hatte er sich als dessen unentbehrlichsten Ratgeber bewährt und unter Ludwig dem Kinde führte er dann mit starker Hand die Reichsregierung und setzte noch wenige Jahre vor seinem Tode die Wahl Kaiser Konrads durch. Die überragende Größe des Mannes läßt sich am besten an den widersprechenden Urteilen der Zeitgenossen und an dem Anstoß ermessen, den sie der Volksphantasie gab, das Bild des unverstandenen und deshalb ungeliebten Kirchenfürsten in sagenhafte Züge umzusetzen (Sage vom grausamen Tod im Mäuseturm). Von seiner Tätigkeit für die Reichenau wissen wir nur wenig; aber daß die Oberzeller Kirche unter ihm entstanden ist, scheint ziemlich sicher zu sein. Ein halbes Jahrhundert nach seinem Hinscheiden hören wir wieder von einem andern für Kunst besonders tätigen Abt, Ekkehard (958—972), unter dem die Johanneskirche auf dem Friedhof entsteht, und am Ende des 10. Jahrhunderts steht als natürlicher Abschluß des glänzenden ottonischen Zeitalters die Gestalt des baulustigen Abtes Witigowo (985 bis 997), dessen Taten der Mönch Purkardus besungen hat. Ihm ist vielleicht der Erweiterungsbau und die künstlerische Ausschmückung der Oberzeller Kirche zuzuschreiben, sicherlich gehen auf ihn zurück umfassende Veränderungen an der Mittelzeller Kirche, der Ausbau des Kreuzgangs hier, der Bau einer Januarius- und Pirminskapelle, der Bartholomäus- und Herakliuskapelle, die Erneuerung der Pelagiuskapelle und die Errichtung der zur Abtswohnung bestimmten Pfalz. Dieser fieberhaften baulichen Tätigkeit muß auch eine gleich weitgehende Fürsorge um eine glanzvolle Ausschmückung entsprochen haben, worüber noch weiter unten ein kurzes Wort gesagt werden muß. Als letzten trümmerhaften Rest haben wir einzig nur noch den Freskenzyklus der Oberzell. Mitten in dieser Freude am Bauen trat Witogowo von der Leitung des Klosters zurück (997), nachdem er noch im Jahr zuvor Kaiser Otto III. auf einer Romreise begleitet hatte. Der Schritt bleibt ziemlich rätselhaft, wenn er nicht durch die wiederholt schon geäußerte Annahme erklärt werden kann, daß der Abt einer gegen seinen Luxus sich regenden Unzufriedenheit unter den Konventualen das Feld geräumt hat. In den nächstfolgenden Jahren trat auch ein merkbarer Niedergang des Klosters ein, besonders unter dem tyrannischen Regiment des Abtes Immo, den Heinrich II. dem Konvent zur Strafe vorgesetzt hatte, bis unter Abt Berno der alte hauptsächlich durch Hermann den Lahmen herbeigeführte Aufschwung wieder deutlich in die Erscheinung tritt.

Wenn die Reichenau in den zwei glänzenden Jahrhunderten des ersten Jahrtausends ein Brennpunkt des kirchlichen religiösen Lebens für Oberalamannien gewesen ist, so war ihr Einfluß und ihre Einwirkung auf wissenschaftlichem, literarischem Gebiet vielleicht noch viel weitreichender und nachhaltiger. Hier hat es eine geradezu universale Kulturmission ausgeübt. Es hat mit den andern großen Rivalen, mit Fulda, Korvey und St. Gallen jene alte Aufgabe wieder aufgenommen, welche die ersten Söhne Benedikts in Süditalien beim Zusammenbruch der antiken Welt zuerst realisiert haben, die antike Bildung und Literatur hinüberzuretten für bessere Zeiten; und in Erfüllung dieser Aufgabe hat es zu dem noch größeren Unternehmen den Grund gelegt, diese alten Bildungselemente umzuformen und aufzubauen zur geistigen Kultur des Mittelalters. Die Reichenau war einer der ganz wenigen Punkte, wo man noch Griechisch verstand und las. Man hatte hier auch griechische Handschriften gesammelt, wie eine Handschrift der Paulinischen Briefe, und Ermenrich von Ellwangen wie Walahfrid verstanden zweifellos diese Sprache. Auch deutsche Lieder fanden sich in einer alten Sammelhandschrift des Klosters vor; und die deutsche Sprache wurde früh schon in den Betrieb der theologischen Wissenschaften einbezogen durch die hier entstandenen Glossenerklärungen. Welchen Anteil es an der poetischen Literatur der Zeit hatte, wurde bereits festgestellt. St. Gallen hatte freilich das Inselkloster hierin weit überflügelt dank seiner Sängerschule und den großen Dichtern liturgischer Gesänge, Notker, dem Schöpfer der Sequenz und Tutilo, dem Tropendichter. Das Aufkommen dieser kirchenmusikalischen Bestrebungen am Bodensee hängt zusammen mit dem Import des römischen Kirchengesanges. Ein erkrankt in St. Gallen liegen gebliebener Italiener, der von Karl dem Großen nach Metz beordert war, hatte ihn während seiner Rekonvaleszenz eingeführt; um die gleiche Zeit muß auch die Reichenau sich für die römische Art des Gesanges interessiert haben; denn Abt Waldo brachte ein römisches Antiphonar aus Pavia mit. Man hat sich wohl auch in diesem Kloster an der Sequenzdichtung versucht, namentlich im 11. Jahrhundert; Hermann der Lahme, Wipo, Gottschalk von Limburg taten sich hierin hervor. Aber das großartige Vorbild von St. Gallen wurde doch nie erreicht, dafür leistete man um so mehr in musiktheoretischen Studien. Auch was die Reichenau an epischen Dichtungen aufzuweisen hat, wie etwa die Gesta Witigowonis, reicht nicht entfernt an Ekkehards einzig schönes Waltharilied.

Dafür stehen ihre künstlerischen Leistungen, namentlich auf dem Gebiet der Monumental- und Buchmalerei um so glänzender da. Aus den literarischen Überlieferungen wissen wir, wie prunkvoll die Kirchen und Klosterräume mit Bildern ausgestattet waren. Wenn wir hören, daß selbst St. Gallen sich Maler zur Ausschmückung seiner Kirche kommen ließ, so dürfen wir daraus den Schluß ziehen, daß für Monumentalmalerei auf der Reichenau eine angesehene Schule bestand. In der letzten Zeit sind sogar noch Bilderreste in Kirchen außerhalb der Reichenau freigelegt worden, so in Goldbach bei Überlingen und in Burgfelden (Württemberg), die uns Proben dieser auswärtigen Tätigkeit Reichenauer Künstler erhalten haben. Auf der Reichenau selber zeigt die Oberzeller Kirche noch auf den Hochschiffwänden einen ganzen Zyklus mit den Wundern Christi; in Niederzell wurde das Apsidenbild, Christus mit Apostel- und Prophetenchor, freigelegt. In Goldbach sind außer dem Apostelzyklus im Chor, an den Schiffwänden Wunder Christi, in Burgfelden Parabeln des Herrn dargestellt. Es herrscht durchweg eine monumentale Auffassung der Szenen und ein starker dramatischer Zug in der Durchführung vor; im Ikonographischen wie in manchen Ornamenten klingt die antike altchristliche Tradition noch durch. Dieses letztere Moment hat Kraus bestimmt, hier das letzte Echo altchristlicher Kunst zu konstatieren und es auf den durch Monte Cassino vermittelten Einfluß Unteritaliens zurückzuführen. Auf diese komplizierte Frage kann im engen Rahmen dieser Arbeit nicht eingegangen werden. Es darf allerdings die starke Möglichkeit solchen Austausches zwischen Italien und Alamannien auf dem Weg monastischer Beziehungen nicht in Abrede gestellt werden. Wenn die Kirchenfürsten am Bodensee Anregungen für ihre Kirchenbauten und deren Einrichtung in Rom holten, wenn auch anderwärts in fränkischen und angelsächsischen Landen selbst für den Bilderschmuck Vorbilder und Vorlagen in der Metropole der Christenheit gesucht werden, so ist auch für die Reichenauer Schöpfungen die Annahme eines ähnlichen Zusammenhanges nicht von vornherein von der Hand zu weisen. Ebenso unbestreitbar aber sind die auch auf anderen Gebieten nachweisbaren, vom Hofe und den westfränkischen Kulturstätten, namentlich unter den dem Hofe nahestehenden Prälaten, ausgeübten Einflüsse. In stilistischer Hinsicht ist wenigstens ein Zusammenhang mit der westfränkischen Kunst für die Reichenauer Buchmalerei anzunehmen. Angesichts dieses unentschiedenen Zustandes sehr prinzipieller Fragen ist es natürlich auch unmöglich, eine genaue chronologische Ansetzung der Malereien vorzunehmen. Die Oberzeller Bilder schrieb man einst dem Ende des 10. Jahrhunderts zu, ohne daß man einen überzeugenden Beweis dafür führen konnte. Das Niederzeller Bild dürfte wohl schon ins 11. Jahrhundert hineingehen und der Mitte dieses Jahrhunderts gehört wohl der Burgfelder Zyklus an. Noch schwerer zu datieren sind die Goldbacher Funde, für die man das 9. wie 10. Jahrhundert in Anspruch nehmen kann. Stil und Formensprache haben sich eben in dieser karolingisch-ottonischen Renaissance nicht merklich geändert. Diese Tatsache kommt uns am besten zum Bewußtsein angesichts der noch in größerer Zahl erhaltenen (30—40) Proben von Reichenauer Buchmalerei. Sie sind heute im ganzen Abendland zerstreut und noch lange nicht alle völlig in den Schulzusammenhang gebracht, so daß auch da die Diskussion über die Eigenart des Stils, über seine Entwicklung und seine Zusammenhänge noch nicht zu abschließenden Resultaten geführt hat. Die Reichenau arbeitete von Anfang an für den Export solcher Prachthandschriften; eine größere Anzahl der noch erhaltenen Codices sind schon ursprünglich nach auswärts gekommen, so der berühmte Egbert-Codex nach Trier, verschiedene für Bamberg angefertigte Handschriften, das wohl für Otto I. hergestellte Evangeliar im Domschatz zu Aachen. Die Handschriften sind durchweg für den engsten Kirchendienst bestimmt gewesen, entweder Perikopenbücher oder Psalterien oder Evangeliare und Sakramentare. Die wichtigeren sind außer den schon genannten der Egbertpsalter zu Cividale, ein um 970 entstandenes Perikopenbuch (jetzt in Darmstadt), verschiedene liturgische Bücher, ehedem in Bamberg (jetzt in München), das Petershausener Sakramentar in Heidelberg, ein Sakramentar in Florenz, eines, von Maler Eburnant illuminiert, in Solothurn, ein Sakramentar früher in St. Blasien, jetzt in St. Paul zu Kärnten, ein für St. Maximin in Trier hergestelltes Sakramentar (jetzt Nationalbibliothek zu Paris). Der Bilderschmuck dieser Handschriften besteht der Hauptsache nach in Zierformen, namentlich in kunstvollen Initialen mit reichen Band- und Rankengerimsel, in rahmenartiger Einfassung der Anfangsblätter der einzelnen Schriften, in Zierarkaden aus Flecht- und Bandwerk für die Kanontafeln, d. h. die kolumnenartig nebeneinandergestellten Perikopenlisten der vier Evangelien und schließlich in einer kleineren Anzahl von figürlichen Darstellungen, Motiven aus dem Leben Jesu, aus dem alten Testament und vereinzelten Widmungsbildern. Die Reichenauer Miniaturmalereien gehören fast durchweg dem 10. und 11. Jahrhundert an, während St. Gallen noch ins 9. Jahrhundert fallende Proben seiner Kunstschreibschule vorzuweisen hat. Man hat neuestens mit großer Wahrscheinlichkeit die These verfochten, daß die Miniaturschulen der beiden Nachbarklöster ursprünglich einem und demselben, auf altchristlicher Tradition ruhenden, von Westfranken her beeinflußten Stil folgten, daß St. Gallen hierin zunächst führend war, daß aber vom Ende des 9. Jahrhunderts die beiden Schulen sich mehr und mehr trennten. Blieb auch im wesentlichen in den Formen und Kompositionen diese Kunst während des 9. und 10. Jahrhunderts in der einmal ausgebildeten Tradition stecken, ohne aber einem geistlosen, öden Handwerksbetrieb zu verfallen, so hat sich doch auch in sekundären Punkten, vor allem in den Ornamentformen, eine merkliche Differenzierung und Entwicklung feststellen lassen. Auf sehr frühen Bestand der Reichenauer Buchmalerschule würde das in den letzten Monaten weiteren Kreisen bekannt gewordene Evangeliar des Klosters Schuttern (jetzt im Besitz des Lord Leicester zu Holkham Hall), geschrieben unter Abt Bertrich (Anfang des 9. Jahrhunderts), hinweisen, wenn die Vermutung sich bestätigen würde, daß dem Schreiber und Maler, Diakon Liuther, eine Reichenauer Vorlage gedient hätte.

Fünftes Kapitel.
Die Weiterentwicklung der verschiedenen alamannischen Bistümer.

Der Episkopat des uns interessierenden Gebietes ist in den ersten Jahrhunderten der Christianisierung Alamanniens kaum je hervorgetreten; geschweige denn, daß er eine führende Rolle hiebei gespielt hätte. Die ältesten kirchlichen Gründungen in Baden erfolgten ohne sein Zutun, hauptsächlich auf Anregung und durch den Einfluß der fränkischen Politik und des Hofes; sie gehörten in kirchenrechtlicher Hinsicht wohl zum Diözesanmittelpunkt, aber wir erfahren nie etwas, daß in kirchlicher oder ökonomischer Hinsicht von da ein Einfluß geltend gemacht worden wäre. Auch die frühesten Klostergründungen vollziehen sich ohne Zusammenhang mit dem zuständigen Bischof, teilweise durch Ausländer, die höchstens mit der Mission des fränkischen Königs kamen, vielfach selbst im Besitz der bischöflichen Würde als Chorbischöfe, auch im Widerspruch mit dem Landesbischof ihre Aufgaben durchzuführen suchten, wie Columba. Es ist bezeichnend, daß die späteren Biographen des hl. Gallus diese Zustände einer Emanzipation von der bischöflichen Jurisdiktion zu korrigieren für nötig fanden im Sinne einer Unterwerfung unter dieselbe. Aber auch Pirmin führt sein Reformwerk durch in den verschiedensten Diözesen, ohne daß ein Bischof sich darum gekümmert hätte; die Läuterung des christlichen Lebens in Baden wird durch das Stammesgesetz angeordnet und durch das Auftreten Pirmins gefördert, aber die Bischöfe stehen noch immer im Hintergrund. Erst mit dem Moment, da die Reformtätigkeit in der Kirche von verschiedenen Seiten in die Hand genommen und namentlich auf eine Klarstellung der bischöflichen Jurisdiktionsgewalt und eine bessere Zentralisierung innerhalb der Diözesen wie der Diözesen im Verhältnis zu Rom hinarbeitet, wird der Bischof auch ein geschichtlicher Faktor. Vor dem ersten Drittel des 8. Jahrhunderts kennen wir nur Namen, ohne jeden geschichtlichen Inhalt, nur zufällig überliefert durch späte Kataloge oder Bistumschroniken. In der Konstanzer Bischofsliste herrscht noch das ganze 7. und im größeren Teil des 8. Jahrhunderts schlimme Verwirrung; nur einige Namen treten aus diesem Chaos etwas greifbarer hervor, wie der mit dem hl. Gallus in Beziehung stehende Gaudentius († um 615), der unter dem Vorsitz des Herzogs Gunzo und in Anwesenheit von verschiedenen Bischöfen von Klerus und Volk auf Vorschlag des hl. Gallus gewählte Johannes I. (615 bis ca. 640), dann der zur Zeit der Verwüstung St. Gallens und des Gallusgrabes in Arbon durch praeses Otwin und Erchanold lebende Bischof Boso (2. Hälfte des 7. Jahrhunderts). Wir haben dann erst wieder zuverlässige Kunde von einem 736 gestorbenen Bischof Audoin und von dem 736—746 auch als Abt von Reichenau nachweisbaren Bischof Arnefrid. Von Sidonius (746—760) erst an stehen wir auf dem festen Boden der Geschichte. Erst diesen Kirchenfürsten sehen wir seine Jurisdiktionsgewalt ausüben und zwar in sehr prinzipiellen Rechtsfragen. Das Verhältnis der Klöster zu ihrem Bischof war kein einheitlich geregeltes. Es hatte sich aber in frühfränkischer Zeit dahin gestaltet, daß die Bischöfe unbeschränkte Vollmacht über die Klöster ausübten, daß sie nach Belieben Visitationen abhielten, über die internen und wirtschaftlichen wie disziplinären Verhältnisse der Klöster Bestimmungen erließen, daß sie in den bischöflichen Eigenklöstern frei den Abt ernannten, während sie für die in königlichen oder privaten Eigenklöstern vom König oder dem Eigentümer getroffene Wahl wenigstens das Bestätigungsrecht hatten. Dieses Rechtsverhältnis erlitt nun durch den Einbruch der Columbaklöster ins fränkische Reich eine starke Verschiebung. Wie schon hervorgehoben, erfolgte die Gründung ohne die sonst vorgeschriebene Genehmigung der Bischöfe; auch in disziplinären, vermögensrechtlichen und selbst liturgischen Fragen stellen sich diese Klöster möglichst unabhängig hin und reklamierten für sich Freiheit des Besitzrechtes und freie Abtswahl. Luxeuil schaltet ausdrücklich und prinzipiell jeden Einfluß des Bischofs aus. Selbst die einzige Gelegenheit, die dem Bischof für gewöhnlich Zutritt zu einem Kloster verschaffte, Spendung der Ordination, war von dem Willen des Abtes und Konventes abhängig und wurde vielerorts dadurch hinfällig, daß die Äbte selbst oder gewöhnliche Mönche im Kloster im Besitz der bischöflichen Würde waren, wie die ersten Äbte von Honau und Pirmin. Auch nach Übernahme der Benediktinerregel erhielt sich dieser Zustand fort. Da nun die Klöster vielfach großen Einfluß aufs Volk ausübten und in pastoreller Hinsicht häufig tätig waren, mußte es, sobald der Bischof seine volle Jurisdiktionsgewalt in der Diözese im Sinne der Canones wahrnehmen wollte, zu einem Konflikt mit diesem kommen, worin der Bischof von vornherein bessere Aussichten als die Klöster hatte, weil die Politik Karl Martells und besonders Pippins gerade auf eine Festigung, allseitige Anerkennung und Erweiterung der bischöflichen Gewalt hinauslief. So haben die Konstanzer Bischöfe im 8. Jahrhundert mühelos die zwei mächtigsten Klostergründungen in der Nähe ihres Sitzes in ihre Abhängigkeit gebracht, Reichenau und St. Gallen. Die näheren Umstände, unter denen Pirmins Gründung ihre rechtliche Selbständigkeit verlor und in die engste Abhängigkeit vom Bischof kam, trotzdem sie königliches Eigenkloster war, sind uns nicht mehr bekannt. Nach dem Tode von Heddos Nachfolger, Keba, erscheint der Konstanzer Bischof Arnefrid als Abt, ebenso nach dessen Tod Sidonius und weiterhin Johannes II. von Konstanz. Erst 782 erhielt nach des letzteren Tod die Abtei wieder einen eigenen Abt, aber die Unterordnung unter den Diözesanbischof war offenbar vollendete Tatsache, wenn auch der Unwille der Mönche sich noch lange in Erzählung von Schikanen des Bischofs, von Privilegienverletzungen und selbst von Wegnahme von Büchern durch den Bischof Luft machte. Wir hören in der nächsten Zeit nichts mehr von eigentlicher Opposition gegen die bischöfliche Gewalt. Dadurch, daß die Reichenau ein königliches

Kloster war und der König zweifellos mit der Unterordnung unter die bischöfliche Jurisdiktion einverstanden war, wurde der Schritt wesentlich erleichtert. Die Tatsache, daß Bischof Heddo von Straßburg, ehedem selber Abt der noch unabhängigen Reichenau, bei dem Vertrag von 759 bzw. 780 mitwirkte, wonach die Zinspflichtigkeit der Reichenau und von St. Gallen gegen den Bischof bestätigt wurde, zeigt deutlich, daß vom Hofe aus diese bedeutende Stärkung der bischöflichen Rechte begünstigt wurde. Schwieriger fügte sich freilich St. Gallen in den Verlust seiner Selbständigkeit. Über den Charakter der ursprünglichen Rechtslage dieses Klosters gehen die Ansichten neuerdings stark auseinander. Beyerle nimmt an, daß es, als eine Gründung im Arbongau, also auf dem Grundeigentum des Bischofs von Konstanz, von allem Anfang an ein bischöfliches Eigenkloster gewesen sei; dagegen hat aber Caro wichtige Bedenken geltend gemacht, wonach der Arbongau teils Eigentum freier Leute, teils Königsgut war, womit auch die Nachrichten über die Gründung der Niederlassung stimmen. Nehmen wir dazu noch die Tatsache, daß St. Gallen als Columbakloster von Haus aus die Tendenz in sich trug, der Autorität des Bischofs, auch der kanonisch berechtigten in rein geistiger Hinsicht, sich zu entziehen, so haben wir Voraussetzungen genug für den Ausbruch eines Konflikts, ohne daß wir dafür die Geltendmachung grundherrlicher Ansprüche verantwortlich zu machen brauchen. Das Kloster war, wie Hauck mit Recht betont, weder bischöflich noch königlich; es waren aber dem Bischof Mittel genug durch die damalige Gesetzgebung in die Hand gegeben, seine Autorität zur Geltung zu bringen. Der Streit brach unter Bischof Sidonius aus; sein eigentlicher Verlauf läßt sich nur in unbestimmten Zügen übersehen, da sehr widersprechende Darstellungen der einen Partei, St. Gallens, vorliegen. Der Anlaß für die Katastrophe scheint die Wegnahme von Gütern durch die Grafen Warin und Rudhart gewesen zu sein; als der tüchtige Abt Otmar deshalb Beschwerde erhob, ließ ihn Bischof Sidonius, angeblich auf die Anklage wegen sittlicher Verfehlungen hin, auf der Insel Werd bei Stein festsetzen, wo er noch im gleichen Jahre (759) starb. Daß Besitzverletzungen durch Warin vorgekommen sein müssen, ersieht man noch daraus, daß Warins Sohn Isanbard 806 größere Schenkungen an das Kloster macht zur Sühne für das diesem zugefügte

Unrecht. Ob Sidonius gleichfalls diesem Eingriff ins Eigentumsrecht des Klosters sich anschloß, oder ob er den Moment nur benützte, um seine jurisdiktionellen Ansprüche durchzusetzen, läßt sich nicht mehr bestimmt sagen. Als Nachfolger Otmars setzt Sidonius, der kurz hernach (760), nach St. Gallischer Tradition plötzlich, stirbt, den Mönch Johann von Reichenau als Abt nach St. Gallen. Von jetzt an erscheint das Kloster unbedingt als bischöflich. Es muß nicht nur die disziplinären Verfügungen des Bischofs, Visitationen und Vornahme der Ordination über sich ergehen lassen, sondern dessen weitestgehendes Mitbestimmungsrecht in besitzrechtlichen Fragen. Nachfolger des Sidonius auf dem bischöflichen Stuhl von Konstanz wurde Johannes II. (760—782), der bisherige Abt von St. Gallen, der auch Abt der Reichenau wurde, so daß er die Leitung der beiden wichtigen klösterlichen Niederlassungen wieder in seiner Hand vereinigte. Seine Politik ihnen gegenüber war die seines Vorgängers und die des fränkischen Episkopats überhaupt. Alle besitzrechtlichen Maßnahmen des Klosters werden von ihm „im Einverständnis mit dem Konvent" getroffen. Doch war das beiderseitige Verhältnis noch nicht genau geregelt. Erst der Vertrag zwischen Sidonius und St. Gallen (759), den Karl 780 bestätigte, brachte eine Abgrenzung der beiderseitigen Rechtskompetenzen. Die bischöflichen Klöster (St. Gallen und Reichenau) erhalten das Privileg der freien inneren Verwaltung, erkennen aber die bischöfliche Oberhoheit durch einen jährlichen Zins an. Auch zur Heeressteuer konnten sie, wie es schon unter Sidonius geschehen war, herangezogen werden. Aber auch nach Aufhebung der Personalunion mit dem Bistum Konstanz (780) fehlte den beiden Abteien doch noch das freie Wahlrecht. Und in welch entschiedener Abhängigkeit vom Bischof sie sich in bezug auf die Wahl des Abtes befanden, zeigte sich gleich in den Anfangsjahren der Regierung Eginos (782—811), der auf Johannes II. gefolgt war. St. Gallen hatte im Widerspruch mit dem Bischof den Mönch Waldo zum Abt erwählt; da er sich der bischöflichen Autorität überhaupt nicht zu unterwerfen gewillt war, trotzdem ihn Karl der Große dazu zu bewegen gesucht hatte, nötigte ihn Egino kurzerhand zum Rücktritt und gab ihm als Nachfolger den Weltpriester Werdo, der schließlich nach seinem Übertritt in den Orden vom Konvent angenommen wurde. Nach Werdos Tod

(812) trat neuerdings das Abhängigkeitsverhältnis vom Bischof in Sachen der Wahl recht peinlich in die Erscheinung. Der neue Bischof Wolfleoz (811—838) ließ den Abtsposten vier Jahre lang unbesetzt und erledigte dessen Geschäfte selber als Abt; erst 816 konnte, wohl unter dem Druck der veränderten, den Klöstern wieder günstigen Kirchenpolitik Ludwigs des Frommen die Abtswahl von den Brüdern selber vorgenommen werden, die auf Gozbert fiel. St. Ludwig hat auch die Bestätigung des Vertrags von 759 bzw. 780 im gleichen Jahre 816 ausdrücklich von der Bedingung abhängig gemacht, daß der Bischof nichts anderes als den Jahreszins erheben dürfe. 818 wurde dem Kloster dann weiter die Immunität verliehen und damit der volle Charakter einer Reichsabtei. Der letzte Rest, der noch an das alte Abhängigkeitsverhältnis zu Konstanz erinnert, fiel 854 mit der Aufhebung des Zinsrechtes; damals wurde auch eine neue Abgrenzung des Gebiets von St. Gallen und der Diözese Konstanz vorgenommen; von jetzt an erstreckte sich die bischöfliche Jurisdiktion nur auf seine Diözesanrechte. Ähnlich ist die Rechtsentwicklung auch in der Reichenau verlaufen. Seit 780 hört die Personalunion mit Konstanz auf; noch Karl der Große verleiht die Immunität und Ludwig der Fromme fügt dem auch das Recht der freien Abtwahl bei. Im 11. Jahrhundert erlangte das Kloster schließlich noch Exemption von den bischöflichen Diözesanrechten innerhalb des Klosterbezirks.

Die bisher genannten Bischöfe des Konstanzer Sprengels standen alle in enger Fühlung mit dem fränkischen Hof; sie nahmen teil an fränkischen Synoden, wie 757 in Compendio palatio, in Attigny 762 und wurden, namentlich von Pippin, Karl dem Großen und Ludwig dem Frommen zu wichtigen Reichsangelegenheiten beigezogen. Sonst allerdings beschränkt sich ihre geschichtliche Rolle, soweit sie überliefert, größtenteils auf Erledigung besitzrechtlicher Angelegenheiten des Klosters St. Gallen. Egino, der offenbar aus vornehmem alamannischen Hause stammte, vielleicht, wie man aus der Stellung seiner Namensunterschrift in der Zeugenreihe von Urkunden schließen wollte, mit Imma, der Mutter der Königin Hildegard, verwandt war, wurde von Karl auch gelegentlich über dogmatische Fragen vertraulich befragt, ebenso wie Alkuin mit ihm in Verkehr stand (Bitte, seinem Sohn Angilbert versprochene Reliquien mitzugeben). Unter Egino läßt sich auch erstmals eine

Änderung der Metropolitanzugehörigkeit von Konstanz wahrnehmen. 810 teilt der Erzbischof von Mainz in seiner Eigenschaft als Metropolit dem Konstanzer Kirchenfürsten den Befehl des Kaisers zu einem allgemeinen Fasten mit. Damals gehörte Konstanz also zum Metropolitanverband von Mainz, und zwar am wahrscheinlichsten schon seit der Erhebung des Mainzer Stuhls zur Würde einer Metropole (um 780). Vorher war es Besançon unterstellt gewesen. Von jetzt an besuchen die Konstanzer Bischöfe regelmäßig die vom Mainzer Metropoliten berufenen Synoden und Versammlungen, wie um 821 die apud Theodonis Villam, 829, 847 und 851 die im Albansklofter zu Mainz, 868 in Worms; 878 war Salomo II. ausdrücklich nach Mainz geladen worden, er entschuldigte aber sein Fernbleiben mit dringlichen Amtspflichten. Mehr und mehr treten die Konstanzer Bischöfe jetzt auch als Reichsfürsten hervor; jedenfalls entfällt ein großer, wenn nicht wie bei Salomo III., der größte Teil von geschichtlichen Nachrichten, die auf uns gekommen sind, auf deren Beteiligung an den Reichsgeschäften. Schon gleich der erste der großen Salomone (838—871) aus vornehmem alamannischen Haus, unter dem St. Gallen die volle Freiheit wieder erlangte unter Abtretung einiger Besitzungen (854), nimmt lebhaftesten Anteil an der Beseitigung des Familienzwistes unter den Karolingern. 864 weilte Salomo als Gesandter Ludwigs des Deutschen in Rom, um beim Papst die Vereinigung der Kirchensprengel von Hamburg und Bremen zu Gunsten Ansgars durchzusetzen. Auf Anfrage Salomos erläßt Papst Nikolaus I. einige kirchenrechtliche Entscheidungen, die Fragen des Eherechts, der bischöflichen Gerichtsbarkeit und der klösterlichen Disziplin regeln. Um die Kanonisation und Translation des hl. Otmar hatte sich Salomo sehr angenommen. Auch in literarischer Hinsicht ist sein Name mit einem der bemerkenswertesten Werke des 9. Jahrhunderts verknüpft. Otfrid von Weißenburg widmete Bischof Salomo als seinem Lehrer in dankbarer Erinnerung an genossene Unterweisungen seine Evangelienharmonie. Salomo war wohl gleichzeitig mit Otfrid unter Hraban, dem eigentlichen Lehrer des Weißenburger Mönches, im Kloster Fulda gewesen; spätere Beziehungen Otfrids zu St. Gallen sind indes kaum annehmbar. Auf das langjährige Pontifikat Salomos folgten zwei sehr kurze und geschichtlich nicht weiter bemerkenswerte von Patecho und Gebhard I. 875 bestieg dann Salomos Neffe Salomo II., der unter Erzbischof Liutbert von Mainz, vielleicht in Fulda erzogen worden war, den bischöflichen Stuhl. Er leitete die Diözese mit großer Umsicht und mit Eifer, scheint aber sonst nicht stärker hervorgetreten zu sein; dagegen ist das um so mehr bei seinem Nachfolger und Neffen Salomo III. (890—919) der Fall. Mit seinem jüngeren Bruder Waldo, der Bischof von Freising wurde, hatte er, dank der Fürsorge seines Onkels, eine mustergültige Ausbildung in St. Gallen unter Notker Balbulus erhalten. 877 hatte das Brüderpaar die Klosterschule verlassen, Salomo, um zunächst nach Konstanz, später auch noch nach Italien zu gehen. 885 war er Diakon und vorübergehend Notar in der Kanzlei Karls III. geworden. 887 kehrte er als Mönch nach St. Gallen zurück, kam aber bald hernach als Kaplan an den Hof Arnulfs und schließlich in noch jugendlichem Alter auf den Konstanzer Bischofsstuhl. Da 889 der Abt Bernhard von St. Gallen in den unglücklichen Aufstand des Grafen Udalrich vom Linzgau und eines natürlichen Sohnes Karls III. sich hatte mitreißen lassen und deshalb abgesetzt worden war, wurde Salomo gleich nach seiner Ernennung zum Bischof auch noch Abt daselbst. Er wußte den Konvent sofort für sich zu gewinnen durch Respektierung des freien Wahlrechtes, indem er sich nochmals von den Brüdern wählen ließ und diese Wahlform offenbar auch in der kaiserlichen Kanzlei zur Anerkennung zu bringen vermochte. Für das Interesse der Abtei war er zeitlebens unermüdlich tätig durch Zuwendungen, möglichst vorteilhafte Verwaltung ihres Besitzes und durch Erwirkung zahlreicher Privilegien. Seine großartigste Tätigkeit entwickelte er aber am Hofe, als Berater und treueste Stütze der Könige, sowohl Arnulfs als Ludwigs des Kindes und Konrads I., nicht nur durch seine Teilnahme an allen großen Veranstaltungen, wie am Reichstag zu Tribur (898) und an dem zu Forchheim (904), sondern vor allem auch in einflußreicher amtlicher Stellung. Die traurige Lage des Reiches unter Ludwig dem Kind, im Hinblick auf die er in einem bewegten Gedichte das Wort gebraucht: Weh dem Lande, dessen König ein Kind, mochte ihn veranlaßt haben, als Kanzler wieder in den Reichsdienst zu treten, in dem er auch unter Konrad I. verblieb. Ein Beweis, wie dieser Herrscher die Fähigkeiten Salomos zu schätzen wußte, ist der Umstand, daß er das erste Weihnachtsfest seiner Regierung bei ihm in Konstanz zubrachte. Die wertvollsten Dienste leistete dieser mächtige Kirchenfürst seinem Herrn in der Bekämpfung der während des bisherigen schwachen Reichsregimentes besonders ermutigten Versuche, das alte Herzogtum Schwaben wieder zum Leben zu erwecken. Es ist der nie erloschene Traum alamannischer Großen gewesen; er schien jetzt, da unter Ludwig dem Kind und unter dem Ansturm der Hunnen die ganze Schwäche der Königsmacht sich geoffenbart, der Verwirklichung nahe. Darum wird er auch an andern Teilen der Ostgrenze, in Bayern und Sachsen, ebenso aufgenommen. Aber bei Durchführung dieser zentrifugalen Tendenzen mußten diese machthungrigen Fürsten auf einen Faktor stoßen, auf dessen Kosten allein die Realisierung ihrer Pläne möglich war, die Kirche und deren mächtigen Besitz. Die Schaffung einer entsprechenden Machtstellung der Herzöge ist nur denkbar auf Kosten des Kirchengutes. Für die Kirche war also die Bekämpfung dieser partikularistischen Bestrebungen eine Lebensfrage. Der Kirchenfürst aber, der von vornherein auch noch aus andern als Standes- und Existenzinteressen, auch noch aus Reichsinteressen mit Einsetzung seiner ganzen kirchlichen und amtlichen Autorität dem Versuch, ein Herzogtum Schwaben wieder herzustellen, entgegentrat, war Bischof Salomo. Er kam hiebei selbst in Konflikt mit Familienrücksichten, da er vielleicht selber mit einem Teil dieses rebellischen Adels, mit den Alaholfinger, in verwandtschaftlichen Beziehungen stand; er überwarf sich sogar mit seiner Lieblingsabtei St. Gallen, die nochmals wie zu Beginn seiner Regierung auf Seiten der Königsgegner sich stellte. Aber unbekümmert um solche persönlichen Enttäuschungen bekämpfte er rücksichtslos die Erhebung des rätischen Grafen Burkhart (911) selbst noch in dessen Angehörigen. Burkhart wurde in einer Versammlung getötet, sein Bruder ermordet und seine Söhne verbannt; die Überlieferung, die die unbedingte Gegnerschaft Salomos kannte, hat ihn direkt zum Anstifter dieser Vernichtungsmaßnahmen gemacht. So hat auch wohl Graf Erchanger, der Herr von Bodman, der 914 Burkharts Plan wieder aufnahm, Salomo als grimmigsten Gegner betrachtet, wenn er seinen Anschlag damit begann, des gefürchteten Bischofs sich zu versichern und ihn auf der Diepoldsburg gefangen zu setzen (914). Nach wenig Tagen schon ward Salomo befreit und Erchanger verbannt;

doch wiederholte er 915 den Versuch zum zweitenmal zusammen mit seinem Bruder Berchtold und Burkhart, dem Sohn des gleichnamigen rätischen Grafen, und ließ sich nach einem Sieg bei Wahlwies zum Herzog ausrufen. Doch auf der allgemeinen Synode zu Hohenaltheim ward er 916 in Gegenwart eines päpstlichen Gesandten zum Eintritt in ein Kloster verurteilt — eine wohl mit Rücksicht auf die nahe Verwandtschaft mit dem König so mild gewählte Strafe — und da er sich dem Spruch nicht fügte, 917 in Hattingen (wohl im Hegau) hingerichtet. Salomo III. gehört durch seinen Einfluß und seine vielseitige erfolgreiche Wirksamkeit zu den größten deutschen Kirchenfürsten des ersten Jahrtausends; an der Sicherung und Festigung der Reichseinheit und des Reichswohles hat er wie kaum ein anderer unermüdlich gearbeitet. Daß er daneben auch die kirchlichen Interessen nicht vernachlässigte, zeigt seine ständige Sorge für St. Gallen und später für Pfäfers, das ihm vor 909 zugefallen war; der Bau der Magnuskirche in St. Gallen und vielleicht auch von Bischofszell. Daß auch das wissenschaftliche und literarische Leben an ihm einen hochsinnigen Gönner und Förderer fand, braucht bei dem Lieblingsschüler eines Notker Balbulus kaum eigens erwähnt zu werden. In der Tat zählt Salomo III. zu den größten Leuchten des Gallusklosters; gelegentlich hat er auch seine Eindrücke und Empfindungen in kunstvollen Versen festgehalten. Er darf unbedenklich den glänzendsten Figuren der wahrlich nicht geringen Zahl hervorragender Kirchenfürsten Deutschlands im 10. und 11. Jahrhundert zugerechnet werden. Auf dem Bischofsstuhl am Bodensee saßen manche Würdenträger, die weit mehr Priester und weit heiligmäßigere Naturen als Salomo III. waren, mancher vielleicht auch, der an geistiger Kultur ihm ebenbürtig war, aber keiner, der in bedeutsamer Stunde so entscheidend die Geschicke des Reiches in der Hand hatte, der ihm an politischem Scharfblick und Klarheit und an Entschiedenheit gleichkam. Sein Nachfolger Noting (919—934) wurde zwar auch noch bei den wichtigeren Reichsangelegenheiten, wie bei dem Freundschaftsvertrag zwischen Kaiser Karl und Kaiser Heinrich (921) oder auf der Reichsversammlung zu Worms (926) und Erfurt (932) gesehen, aber seine Bedeutung scheint doch mehr lokal umgrenzt gewesen zu sein, wie auch seine Hauptwirksamkeit sich auf die Diözese beschränkte. Das 10. Jahrhundert brachte nach Noting nur getrennt durch das wenig bemerkenswerte Pontifikat Gaminolfs (975—979) dem Konstanzer Bistum zwei Leiter, die im wahren Sinne Männer Gottes und Diener Christi gewesen sind: Konrad (934—975) und Gebhard II. (979—995), beide in den Kanon der Heiligen aufgenommen. Auch sie hielten sich dem Hof nicht ganz fern; aber für Konrad stand sein kirchlicher Pflichtenkreis obenan und die politischen Händel und Kämpfe seiner Zeit machte er, ganz im Gegensatz zu Salomo III., nicht mit; Gebhard namentlich stand zu den zwei letzten Ottonen in einem nahen Verhältnis. Aber mehr lag beiden die Wahrnehmung ihrer kirchlichen und religiösen Berufspflichten am Herzen und so ergänzen sie das Charakterbild des deutschen Episkopats dieser Zeit, das durch Salomo III. so markig repräsentiert wird, nach einer andern Seite in rühmlichstem Grade. Konrad, Sohn des Grafen Heinrich Wolf von Altdorf, war noch als Kanonikus von Konstanz von Bischof Noting zum Nachfolger ausersehen worden; gewählt wurde er noch auf ausdrückliche Anregung seines Freundes, des Bischofs Ulrich von Augsburg. In seine Amtszeit fällt die Engelweihe von Einsiedeln, dreimal pilgerte er nach Jerusalem und nahm von dort auch den Gedanken mit, in Konstanz eine Nachbildung des hl. Grabes erstellen zu lassen. Sie wurde in der von ihm erbauten und reich dotierten Mauritiuskirche untergebracht; außer dieser Kirche ließ er in Konstanz noch eine Paulskirche und eine zu Ehren des hl. Johannes Evangelista und Baptista errichten und stiftete noch außerdem ein Spital. Ähnlich hochherzig gab auch Gebhard, ein Sohn des Grafen Ulrich von Bregenz, sein nicht unbeträchtliches Familienerbe an die Kirche dahin. Er war im Geiste seines Vorgängers an der Domschule zu Konstanz herangewachsen und 979 durch Otto II. auf den Bischofsstuhl berufen worden. Seine bedeutendste und verdienstvollste Tat ist die Gründung von Petershausen nach dem Vorbild von Einsiedeln, dem er weitgehende Privilegien von seiten des Papstes und des Kaisers verschaffte. Die überaus reiche Dotation dieser Neugründung ermöglichte es, in der Kirche ein Wunderwerk der Architektur und der Innenausstattung zu schaffen.

Von den Bischöfen, die Konstanz das ganze 9. und 10. Jahrhundert hindurch gehabt hat, ist fast jeder eine bedeutende Charakterfigur von bleibendem geschichtlichen Wert, jede hervorragend mittätig an der Schaffung der glanzvollen Kultur der karolingischen und ottonischen Zeit, jede auch in besonderer Weise bemüht, dem früher nahezu unbekannten Bistum ein Ansehen zu verschaffen, wie es kaum eine der großen Urdiözesen des fränkischen Reiches in dieser Zeit aufzuweisen hat. In Konstanz hat sich bald und konsequent der Bischof zum Reichsfürsten umgewandelt. Konstanz war der Brennpunkt eines hochentwickelten kirchlichen Lebens in Süddeutschland geworden, unterstützt in edlem Wetteifer von den zwei ihm unterstellten Ausgangspunkten aller wichtigen literarischen und künstlerischen Anregungen, St. Gallen und Reichenau. Weniger markant tritt in den drei letzten Jahrhunderten des ersten Milleniums Straßburg hervor; es waren hier auch weniger tiefgehende prinzipielle Fragen zu lösen; das Verhältnis von Bistum und Klöstern scheint nie zu Streitigkeiten Anlaß gegeben zu haben; es war von allem Anfang an im Sinne der Reichsentscheidungen, im Sinne also der bischöflichen Supremacie geregelt, wiewohl gerade in diesem Bistum eine größere Anzahl Columbaklöster lagen. Aber hier war die direkte Einwirkung der fränkischen Politik von allem Anfang viel nachhaltiger und so auch eher imstande, ihre Wünsche durchzusetzen. War auch hier kein Boden für politische Antagonismen wie in den rechtsrheinischen alamannischen Gauen, so sah die Straßburger Bistumsgeschichte der ottonischen Zeit doch zwei Kirchenfürsten, die in politischer Hinsicht manchmal andere Wege gingen als das Reichsoberhaupt, ich meine Richwin, dessen Wahl, offenbar weil unter westfränkischem Einfluß erfolgt, beanstandet wurde und Ruthard (933—950), der ein Gesinnungsgenosse des legalen, aber nicht durchweg der Politik Kaiser Ottos zugetanen Erzbischofs Friedrich von Mainz, mit diesem in Breisach offen den König verließ und zu dessen Gegner Giselbert von Lothringen überging. Er gehörte zu jener Sonderpartei im deutschen Episkopat, die nicht unbedingt auf die politischen Pläne des Königs eingeschworen waren, sich vielmehr ihr eigenes Urteil wahren wollten. So mochte auch Otto den von manchen Chronisten als Verrat gekennzeichneten Schritt der zwei Kirchenfürsten, die keineswegs allein standen, ansehen, daher die milde Behandlung beider. Nach der Niederlage Giselberts bei Andernach wurde Ruthard gefangen und nach Corvey verbannt (939), aber schon im folgenden Jahr wieder in sein Bistum eingesetzt. Von der Wirksamkeit der Straßburger

Bischöfe in kirchlicher Hinsicht ist uns, was der Charakter der Urkunden begreiflich macht, fast nur ihre Förderung der Diözesanklöster (Murbach, Maursmünster, Surburg, Hohenburg, Neuweiler, Haslach, Eschau, St. Thomas in Straßburg), von badischen besonders Schwarzach, Ettenheimmünster, Honau und Schuttern überliefert. Sehr wichtige Neuerungen der kirchlichen Organisation werden dem Bischof Heddo (734—760) zugeschrieben, nämlich die Einteilung der Diözese in sieben Archidiakonate; Scheidung zwischen bischöflichem Gut und den Pfründen der Kanoniker, denen Eigenverwaltung überlassen wird. Doch sind die betreffenden Urkunden Fälschungen des 12. Jahrhunderts und auch die darin berichteten Einrichtungen zweifellos erst später durchgeführt worden. Auch sonst wimmelt es in dieser frühmittelalterlichen Geschichte von Fälschungen jeder Art, so daß man nur mit größter Vorsicht die Urkunden zu Rate ziehen kann.

Der Straßburger Episkopat tritt genau um die gleiche Zeit wie der Konstanzer ins Licht der Geschichte, in der ersten Hälfte des 8. Jahrhunderts. Der erste Bischof, von dem, abgesehen von einigen früher genannten, etwas mehr als der Name überliefert wird, ist Widegern (um 728), der Gründer von Murbach und der zweite Gründer von Ettenheimmünster. Heddo, sein Nachfolger (734 bis ca. 760), aus der Pirminschule und dessen Nachfolger auf der Reichenau, ist der tatkräftige und umsichtige Förderer der auf eine gründliche Reorganisation des ostfränkischen Episkopats zielenden Pläne des hl. Bonifatius. Ihm verdankt Schwarzach die Bestätigung seiner Gründung und Ettenheimmünster die Umgestaltung in ein Benediktinerkloster, das, wie schon Hermann der Lahme wußte, nach ihm sich benannte. Auch wenn die betreffende Testamentsurkunde Heddos eine Fälschung sein sollte, so wird man ihm schon um dieser frühen Tradition willen eine bedeutsame Rolle an der Frühgeschichte des Klosters zuschreiben dürfen. Ob er auch in Ettenheimmünster beigesetzt wurde, wie man sehr spät erst behauptete, läßt sich auf Grund sicherer Argumente nicht mehr feststellen, so wenig man auch sein genaues Todesjahr kennt. Das 8. Jahrhundert weist nach Heddo noch Remigius, Rachio und Adaloch auf, als Zeitgenossen der Regierung Karls des Großen. Doch zeigt sich erst Bernold (820 bis ca. 830) und Ratold (ca. 835—874) in engerem Kontakt mit dem Hof und häufig auch auf fränkischen

Synoden. Bernold hatte vielfach auswärtige Missionen als Gesandter des Kaisers zu erledigen; durch seine Fürsprache beim Kaiser ermöglicht er auch die Übersiedelung des Klosters Arnulfsau oder Schwarzach aufs rechte Rheinufer. Mit Bischof Richwin (913—933) beginnt die bisherige kaisertreue Politik umzuschwenken. Der Tatsache, daß er, ein vornehmer Lothringer, auf den ostfränkischen Bischofsstuhl kam und daß hernach die Wahl als unkanonisch angefochten wurde, darf man wohl entnehmen, daß letztere unter ungehörigem Druck und wahrscheinlich von Westfranken her zustande kam. Man hat sogar die Vermutung ausgesprochen, daß Karl der Einfältige durch diese Wahl sich Einfluß aufs Bistum gesichert und zeitweilig das ganze Elsaß in seine Hand gebracht hat. Sicher nachweisbar ist nur, daß Richwin 916 vor die Synode zu Hohenaltheim zur Verantwortung geladen wurde und, als er dort nicht erschienen, vor ein vom Erzbischof von Mainz abzuhaltendes Konzil zitiert und schließlich Zitation nach Rom ihm angedroht wird. 918 erfolgte seine Anerkennung. In völlig antikaiserliche Politik war, wie wir sahen, Richwins Nachfolger Ruthard verstrickt. Mit einer imponierenden Figur schließt für den Straßburger Bischofssitz das 10. Jahrhundert. Es ist der große Bischof Erchembald (965—991), ein Mann, den nicht hohe Abstammung schon auf die vordersten Posten schob, sondern seine reichen literarischen und staatsmännischen Fähigkeiten. Ein Hofmann ganz im Stile eines Salomo III., stand er Otto II. und III. in den wichtigsten Maßnahmen zur Seite, begleitete Otto II. auch auf seinem italienischen Feldzug (981/82) mit 100 Panzerreitern, wofür er für sich und seine Kirche weitgehende Auszeichnungen und Privilegien erhielt. Ausgestattet mit dem ganzen Wissen seiner Zeit versuchte er sich selber in literarischer Betätigung; und noch haben wir von ihm verschiedene poetische Stücke, vor allem einen metrischen Bischofskatalog; die Bibliothek der Straßburger Kirche bereicherte er mit verschiedenen Werken meist hagiographischen Inhalts; die Domschule hob er sehr durch Berufung des Mönches Viktor von St. Gallen. Kann man heute auch verschiedene unter ihm für Schuttern ausgestellte Urkunden als Fälschungen beiseite legen, so bleibt als geschichtliche Tatsache doch wohl bestehen, daß Erchembald zu unbestimmter Zeit dieses Kloster, „vielleicht nach einem Brande", neu geweiht hat.

In den zwei übrigen Bistümern, deren Interessen gleichfalls zum Teil auf badischem Boden lagen, Speyer und Worms, hat sich die Stellung des Bischofs in und außerhalb seiner Diözese im allgemeinen in gleicher Weise gestaltet wie in Straßburg und Konstanz. Da aber von beiden Bischofssitzen aus keinerlei bestimmte Wirksamkeit im badischen Teil ihrer Sprengel in dem uns beschäftigenden Zeitraum nachweisbar ist, können wir uns mit einigen kurzen Andeutungen begnügen. Auch in Speyer tritt die Bistumsgeschichte greifbarer hervor seit den Tagen der bonifatianischen Reform, die an Bischof Luido (726 bis ca. 740) einen entschiedenen Vorkämpfer fand. Unter seinem Nachfolger David, zugleich Abt von Weißenburg († 760), wurde das bisher zum Metropolitanverband Trier gehörige Bistum Suffragandiözese von Mainz. Die Abtei Weißenburg war für Speyer und Worms, was St. Gallen und Reichenau für Konstanz, das Sprungbrett für manchen Mönch zum Bischofsthron, aber ebensosehr auch ein frischer Born, aus dem dem Bistum immer neues Blut und vor allem starke wissenschaftliche Anregung zuströmte. Ein großer Teil der Bischöfe des 9. und 10. Jahrhunderts war aus der Klosterzelle entweder Weißenburgs oder anderer Nachbarklöster gekommen; sie füllten den späteren Posten meist mit Glanz aus, vor allem durch ihre Tätigkeit am Hof und in der Nähe der Könige, wie Gebhard I. (847 bis 880) oder der wegen seiner Treue zu Konrad I. ermordete Einhard I. (895—913). Ottgar (962—970), ein besonderer Günstling des Kaisers, wurde sogar wegen seines im Auftrag des Kaisers vollzogenen Einschreitens gegen Johann XII. von diesem grausam gemaßregelt. In der Person seines Nachfolgers Baldrich (970 bis 986) kam ein aus Säckingen gebürtiger Mönch von St. Gallen auf den Speyerer Bischofsthron, ein Mann von Gelehrsamkeit und weiten literarischen Interessen, der durch seine Beziehungen zu Otto II. seiner Kirche zahlreiche Privilegien und starke Erweiterung seines Besitzes verschaffte. Die Wormser Bischofsliste kommt auch erst Mitte des 8. Jahrhunderts auf festeren Boden. Als hervorragendere Kirchenfürsten dieses Sprengels kommen in Betracht Bernhard (793—825), der Vertraute Karls des Großen, Anno (950 bis 979) und Hildebald (979—998), der Kanzler Ottos II. und III.

Wenn wir für die vier oberrheinischen in Baden interessierten Bistümer nochmals ihren Entwicklungsgang in fränkischer Zeit übersehen, so stellen sich überall die gleichen Linien dar: allmähliches Heraustreten aus dem chaotischen Dunkel der Legende in der ersten Hälfte des 8. Jahrhunderts, von Karl dem Großen an starke Beteiligung an den höfischen und politischen Ereignissen, schließlich in ottonischer Zeit die Umbildung der Bischöfe zu eigentlichen Reichsfürsten und Inhabern hoher Reichs- und Hofämter. Den deutschen Episkopat aber aus seinem Nichts herausgehoben, ihm erst das Chrisma von Kirchenfürsten und damit auch das von um das Wohl des Reichs und seines Lenkers besorgten Reichsfürsten gegeben zu haben, ist das weltgeschichtliche Verdienst des hl. Bonifatius. Größer vielleicht noch als seine Missionstätigkeit in Mitteldeutschland, ist seine gründliche Reformwirksamkeit in der ostfränkischen und bayerischen Kirche. Und diese Reform erstrebte zunächst eine straffe Organisation der einzelnen Kirchensprengel und deren unbedingten Anschluß an Rom, in dessen Geist und Anregung künftig das kirchliche Leben erneuert und geregelt werden sollte. Daß wir so wenig bis hoch hinauf ins 8. Jahrhundert von so vielen Bistümern wissen, mag zum guten Teil von der unbeschreiblichen Zerrüttung kirchlicher Ordnung und kirchlichen Lebens kommen, die im 7. und Anfang des 8. Jahrhunderts in der fränkischen Kirche eingerissen war. Von der Befolgung kirchlicher Kanones konnte schon lange nicht mehr die Rede sein. Die Bischofssitze wurden verkauft oder vergabt an Günstlinge, die häufig genug Laien und noch häufiger jeder Würde bar waren; die Grenzen der Sprengel gingen bei diesem Schacher verloren. Schottenmönche gründeten Niederlassungen und amtierten ohne Wissen und Willen des zuständigen Bischofs und nahmen selbst bischöfliche Funktionen durch ihre eigenen Bischöfe vor. Bischöfe und Äbte waren oft mehr am Hof oder im Kriegslager als am Altar zu sehen; dem entsprach auch im niederen Klerus eine progressiv sich steigernde Disziplinlosigkeit, um nicht zu sagen sittliche Verwilderung, der nur noch ihre geistige Unbildung gleich war. Dazu kam noch, daß Karl Martell, eine kühle, indifferente Natur, das Besitztum von Kirchen und Klöstern in großem Maßstab zu politischen und persönlichen Zwecken säkularisiert hat, um es als Entgelt für geleistete Dienste weiterzugeben. Nach Rom führte nur der dünne Faden der Lehrautorität; aber von irgendwelcher Jurisdiktionsgewalt Roms durfte man nicht sprechen. Hier Wandel zu schaffen, konnte nur einer großen, charakterfesten und unbedingt gewissenhaften Natur wie Bonifatius gelingen, die ihr Leben dabei zum Einsatz brachte. Es ist bemerkenswert, daß man zunächst an die Beihilfe der Staatsgewalt nicht appellierte; die fränkische Kirche, die bisher ganz durch den Staat geworden war, sollte ihre Erneuerung möglichst ohne ihn erleben. Und weiter ist es beachtenswert, daß man in Rom über die Zustände im Frankenland recht wohl unterrichtet war und dem neubestellten Missionsbischof für das ganze rechtsrheinische Gebiet sofort ganz bestimmte Weisungen mitgab (722): Hessen und Thüringen kirchlich im Einklang mit Rom zu organisieren und den die kirchlichen Rechte vergessenden und verletzenden Bischöfen rücksichtslos entgegenzutreten. Bonifatius gelang dieser erste Teil seiner Mission verhältnismäßig bald. 732 wurde er zum Erzbischof über das Missionsgebiet ernannt und ihm das Recht gegeben, darin noch Suffraganbischöfe zu bestellen; weiter gingen die Pläne, als Bonifatius 738 zum drittenmal nach Rom kam. Hier wurde ernstlich eine Reorganisation der bayerischen und alamannischen Kirche ins Auge gefaßt. Aber der Schwierigkeiten mochte sich Gregor III. wohl bewußt gewesen sein, wenn er auf jede Detaillierung des Auftrags diesmal verzichtete und nur einfach in einem Zirkularschreiben die bayerisch-alamannischen Bischöfe ersuchte, Bonifatius als päpstlichen Vikar anzuerkennen, alles Ungeziemende nach seinen Anordnungen zu beseitigen und auf einer von ihm berufenen Synode zu erscheinen. Wiewohl der päpstliche Legat für die Durchführung seiner Aufgabe in Pirmin und in dessen Schüler und Nachfolger, Bischof Heddo in Straßburg, tüchtige Vorläufer und Wegbereiter hatte, wandte er sich doch zunächst nach Bayern und gründete in der nächsten Zeit für das hessisch-thüringische Gebiet die Bistümer Buraburg, Erfurt und Würzburg; zu letzterem kamen die östlichen Teile des Bistums Worms, darunter auch das Kloster Tauberbischofsheim. Näherhin fiel an Würzburg alles östlich vom Neckar (von Wimpfen an abwärts), Elz und Mud gelegene Gebiet, also das ganze Bauland und der Taubergrund. Worms behielt in Baden die in der Hauptsache links vom Neckar gelegenen Gaue, den Elsenz-, Kraichgau (den nördlichsten Teil) und Lobdengau und naturgemäß den Wormsgau. 742 kam endlich die vom Papst geforderte und von Karlmann berufene Synode zustande, an unbekanntem Orte; aber nur eine beschränkte Zahl von Bischöfen fand sich ein, die von Bonifatius ernannten, außerdem noch der reformfreundliche Heddo und der Kölner Bischof Ragenfried. Das Fernbleiben aller andern Bischöfe von dieser ersten deutschen Synode offenbart uns am besten deren Stimmung; es hinderte aber auch nicht, den Reformbeschlüssen die schärfste Formulierung zu geben. Bonifatius wird hier als Haupt der deutschen Kirche angesprochen. Es wird beschlossen, jährlich Synoden in Gegenwart Karlmanns zum Ausbau der Reform abzuhalten; die Diözesan- und Pfarrverhältnisse sollen gewissenhaft geordnet werden; dem Pfarrer soll obliegen, jährlich in der Fastenzeit dem Bischof Rechenschaft abzulegen. Unwürdigen Pfarrern wird ihr Benefizium und den Wanderbischöfen ihre Amtsgewalt aberkannt. Jedes Bistum soll wieder rechtmäßig besetzt und seine Grenzen neu bestimmt werden. Das säkularisierte Gut soll der Kirche zurückfallen. Das Kriegshandwerk, selbst Führen der Waffen, wird streng untersagt, dagegen das Tragen des geistlichen Gewandes angeordnet; für Jagd und Unsittlichkeit wird strenge Ahndung angedroht. Verboten wurde jegliche Art abergläubischer Gebräuche und heidnischer Verrichtungen, wie Wahrsagerei, Opferschmäuse, das Schlachten von Opfertieren an Festtagen vor den Kirchentüren. Dieser ersten Reformsynode folgten rasch hintereinander noch mehrere, durch die der Reformplan immer von neuem eingeschärft, spezifiziert und ergänzt wurde. So war wenigstens der Grund gelegt; wenn die Reorganisation und innere Erneuerung der fränkischen und nicht zum wenigsten auch der alamannischen Kirche zur Tatsache wurde, so gebührt das Verdienst, abgesehen von Bonifatius, der als Inspirator und unermüdlicher Agitator dahinter stand, den fränkischen Königen Karlmann und Pippin, die vom Moment an, da Bonifatius das Reformprogramm von Rom mitbrachte, sich an dessen Durchführung machten; wenngleich weder Rom noch sein Stellvertreter die Mitwirkung der staatlichen Gewalt ausdrücklich vorgesehen oder formell verlangt hatte, ist doch der König das treibende und entscheidende Element auf den Synoden und bei Durchführung von deren Beschlüssen. Wie ehedem die Grundlegung der Kirche in Alamannien, geht jetzt auch ihre Neugestaltung wieder vom Hofe aus; aber sie erfolgt jetzt im Sinne und im engen Zusammenhang mit Rom. Und wie wirksam sich diese Mithilfe erwies, ersehen wir sofort an der Qualität der Persönlichkeit, die die Bischofsstühle bestiegen, durchweg Männer von Würde und Pflichtgefühl, mit Tatkraft an der Neuordnung ihrer Sprengel und an der Befolgung der Reformbeschlüsse arbeitend. Wenn auch dem ersten Ruf 742 die Bischöfe von Konstanz, Speyer und Worms nicht Folge leisteten und Bonifatius selbst wohl nie infolge der herrschenden Stimmung dem eigentlichen alamannischen Gebiet seine Wirksamkeit angedeihen lassen konnte, schon in der zweiten Hälfte des 8. Jahrhunderts erzwingt der Wille des Königs auch hier die Wahl reformfreundlicher, die Autorität Roms anerkennender Kirchenfürsten. Wie sehr sich das Gefühl für die Jurisdiktionsgewalt Roms in der alamannischen Kirche durchgesetzt hatte, zeigt das Beispiel Richwins, der wegen „unkanonischer Wahl" vor eine Synode aller Bischöfe in Altheim, und als er nicht Folge leistete, vor seinen Metropoliten und falls er auch da nicht erscheinen sollte, nach Rom zitiert wurde. Fand durch dieses engere Verhältnis zu Rom die Machtfülle des Bischofs eine gewisse Einschränkung, so wurde die andererseits wieder mehr als ausgeglichen durch die stärkere Zentralisation und Durchsetzung seiner Gewalt innerhalb seines Sprengels. Die Klöster kamen dank der königlichen Politik in seine Botmäßigkeit und vor der Wirksamkeit vagierender und meist in Hinsicht auf Bildung und auch persönlichen Wandel recht tiefstehender Geistlichen war er in Zukunft sicher. Eine weitere Folge des veränderten Verhältnisses zu Rom sind die häufigen Reisen, die die Bischöfe jetzt nach Rom machen und ebenso nimmt die Gewohnheit der Wallfahrten an die Apostelgräber unter dem übrigen Klerus und der Laienwelt überhand. Zur Zeit, da Bonifatius zum letztenmal in Rom weilte, kommen dahin u. a. auch Alamannen.

Eine wichtige Förderung erfuhren die Reorganisationspläne im alamannischen Episkopat durch die Errichtung einer Metropole in Mainz. Dadurch wurde eine bessere und raschere Durchführung der Reformbeschlüsse ermöglicht. Man betrachtet gewöhnlich Bonifatius als den ersten Erzbischof von Mainz, doch wurde er bei Übertragung dieses Sprengels (745) nur einfacher Bischof, wie es auch sein Nachfolger Lull noch war, wenngleich Bonifatius seinen früheren Titel Erzbischof beibehielt; erst um 780 wurde Mainz, und zwar hauptsächlich auf Betreiben des Papstes, zur

Metropolitenwürde erhoben und dadurch ein besserer Zusammenschluß der alamannischen Bistümer herbeigeführt. Wir sehen denn auch bald nach jenem Termin das Suffraganverhältnis dieser letzteren zu Mainz in die Erscheinung treten, 810 zum erstenmal in Konstanz. Wäre es nach Bonifazens Wunsch gegangen, so wäre der Metropolitanstuhl für Neustrien nach Köln gekommen; das persönliche Interesse sprach hier stark mit, war Köln doch ein guter Ausgangspunkt für die friesische Mission; Rom hingegen hatte in erster Linie die Sanierung der kirchlichen Verhältnisse in Alamannien im Auge.

Hatte sich Bonifatius auch eine direkte Einflußnahme auf Alamannien versagen müssen, so übte er doch in indirekter Weise einen weitgehenden Einfluß auf die von ihm und seiner Anregung ins Leben gerufene Gründung Tauberbischofsheim aus. Die Gründerin war eine Verwandte des Heiligen von mütterlicher Seite, die hl. Lioba, in ihrer Heimat Thrutgeba oder Leobgyth genannt. Nach der vom Fuldaer Klosterannalisten Rudolfus auf Wunsch Hrabans verfaßten Vita wurde Lioba, das einzige Kind kränklicher Eltern, im Marienkloster der Insel Thanet zu heiligmäßigem Wandel wie zur wissenschaftlichen Ausbildung erzogen. Die Abtissin suchte neben einer nicht zu strengen Askese eine umfangreiche Geistesbildung zu pflegen. Und auch Lioba scheint ähnlicher Sinnesart gewesen zu sein; sie lernt die Schreib- und Dichtkunst und eignet sich gründliche Kenntnis der hl. Schriften, der Ordenssatzungen und mancher Väter an. In Thanet noch trat sie in persönlichen Verkehr mit ihrem älteren und schon berühmten Vetter, ein Verkehr, der uns mitten aus dem ernsten und harten Christianisierungswerk des Apostels der Deutschen wie ein liebliches Idyll grüßt: der Ruf von dessen Taten war auch in ihre Zelle gedrungen und hatte Begeisterung und den Drang nach der Ferne in ihr geweckt und so wendet sie sich kurzerhand, indem sie sich selber mit der Erinnerung an alte Zeiten vorstellt, an ihren großen Verwandten, zu dem sie Vertrauen wie zu keinem Manne sonst hatte. Sie fügt ihm auch einige Verslein bei: „Die Verslein hier unten habe ich zu dichten versucht nach den Regeln der poetischen Lehre: ich bilde mir nichts darauf ein, aber ich wollte das schwache Talent üben und bedarf, daß du mir hilfst." Später hat Bonifatius auch mal gelegentlich sie gebeten, die Briefe Petri in Goldbuchstaben für ihn abzuschreiben und vielleicht hat er ihr, seiner „Schwester", auch zehn auf Tugende und Laster sich beziehende Rätsel gesandt. Nicht recht klar ist, weshalb Lioba das ihr so sympathische Thanetkloster gegen das in Winburn vertauschte, wo das Leben unter der Äbtissin Tetta bedeutend strenger und asketischer war. Aber auch hier fand sich das sonnige Gemüt der heiteren Klosterfrau rasch zurecht, so daß sie die Freude und die Dilecta — wie ihr Name übersetzt wurde — aller ward. So entwickelte sie sich zu einer religiös und asketisch gefestigten Frau mit einer für ihre Zeit respektablen Bildung, auf deren Mitarbeit im deutschen Missionsgebiet Bonifatius schon bald gerechnet haben mochte. Wann der Ruf an sie erging und alsbald Folge fand, läßt sich nur annähernd bestimmen, ums Jahr 735. Mit ihr zogen noch andere angelsächsische Frauen nach Deutschland, wie Lulls Tante Chunichilt, Chunitrud und Thecla. Diese Frauen sollten klösterliche Niederlassungen für das weibliche Geschlecht begründen, Gesittung und religiöse Bildung auch diesem mitteilen. Während Thecla an die Spitze der zwei Klöster Kitzingen und Ochsenfurt trat, übernahm Lioba die Leitung des Klosters Tauberbischofsheim, das offenbar aus Königsgut dotiert worden war. Läßt sich die Existenz dieses Klosters auch nicht lange verfolgen, so erlebte es doch unter Lioba einen raschen und hohen Aufschwung; es wurde Ausgangspunkt einer reichen Frauenbildung und verschiedene später als Klostervorsteherinnen verwandte Nonnen, wie die hl. Thecla, waren durch Lioba vorgebildet worden. Die Angaben des Biographen über das Kloster sind sehr farblos; er erwähnt nur einen durch die Dorfsiedelung fließenden Bach, die Tuberaha, an dem eine Mühle steht; die Ortshäuser sind nach ihm mit Stroh und Schilfrohr gedeckt. In späterem Alter scheint Lioba noch andere Klöster unter ihrer Leitung gehabt zu haben; sie stand auch mit dem Hofe, sowohl mit Pippin, wie mit Karlmann und Karl dem Großen, namentlich aber mit des letzteren Gemahlin Hildegard, in sehr vertrautem Verkehr. Die letzte Lebenszeit verbrachte sie zurückgezogen von ihren Klöstern in Schornsheim bei Mainz. Hier starb sie 780; bald hernach scheint auch ihr Werk, das Kloster Tauberbischofsheim, eingegangen zu sein; wenigstens verschwindet es gegen Ende des 8. Jahrhunderts völlig aus der Geschichte. Wenn auch nur von ephemerer Dauer, so hat das Kloster doch gewiß seinen Teil beigetragen, in Tauberbischofsheim selber den christlichen Geist tiefer in die Bevölkerung zu bringen; daß schon gleich nach der Gründung auch aus Tauberbischofsheim die Klostergemeinde Zuwachs erhielt, zeigt das Beispiel der Nonne Williswind. Lioba selber hat ohne Zweifel durch ihre sonnige frische Art, durch eine maßvoll asketische Lebenseinrichtung und durch ihre literarischen Interessen nicht nur eine gute Pflanzstätte monastischen Geistes begründet und treffliche Klosterfrauen herangebildet, sondern auch selber zum erstenmal den Idealtyp einer Klosterfrau verwirklicht, den uns die deutsche Geschichte des Mittelalters so häufig vorweist.

Sechstes Kapitel.
Das religiös-kirchliche Leben gegen Schluß des ersten Jahrtausends.

Im 9. und 10. Jahrhundert ist der Ausbau der Kirche in Baden in der Hauptsache auf allen Punkten zum Abschluß und zur Wirksamkeit gebracht worden. Wir sehen von jetzt an den Bischof durchweg in Ausübung seiner Gewalt gegenüber den Diözesanen; das anormale Verhältnis zwischen Bischof und Kloster ist richtig gestellt worden, wenn auch nicht überall dauernd. Zugleich war auch die Beziehung zu Rom normal geregelt worden. Das Heidentum dürfte offiziell nirgends mehr bestanden haben; um so zäher war seine Lebenskraft unter christlichen Formen bei so manchen Gewohnheiten und Verrichtungen des gewöhnlichen Volkes. Aber auch diesen letzten Rest zu beseitigen, dazu war das ganze Mittelalter nicht imstande.

Wie der kirchliche Verwaltungsapparat im einzelnen arbeitete und wie sich christlicher Geist im täglichen Leben bewährte, das läßt sich nur schwer mehr heute mit absoluter Sicherheit dartun. Es ist eben das Schicksal der Geschichte, daß sie meist nur immer mit den Zeugnissen für die großen Vorgänge und Faktoren rechnen muß, daß sie aber hilflos all den Punkten gegenübersteht, an denen jene ins Dasein des Einzelnen eingreifen. So haben wir Nachrichten, allerdings auch nur vereinzelte, erst vom Moment an, da die alamannische Kirche halbwegs organisiert war; vom kirchlichen Leben der Frühzeit, da eben erst der Glaube grund-

gelegt wurde an vereinzelten Stellen unseres Landes, wissen wir
hingegen nichts. Diese wenigen Oasen sind, wie oben schon ge=
zeigt wurde, die Gotteshäuser bei den Herren= und Königshöfen der
Franken in dem ehedem alamannischen Territorium gewesen; sie
dienten der Seelsorge der zum Hofe gehörigen Christen. Die Be=
stellung eines Geistlichen hing vom Gutsherrn ab, dem auch die
Einkünfte zufielen. Neben dieser einen Form von Eigenkirchen
entstanden auch bald bischöfliche und klösterliche Eigenkirchen, die
auf dem Besitztum des Bistums oder eines Klosters errichtet wurden.
Wie früher der fränkische Eroberer sein neues Eigentum durch Er=
richtung von Gotteshäusern sicherte, so können wir ähnliches auch
bei den verschiedenen Klöstern wahrnehmen; in Ewattingen, wo
St. Gallen schon im 8. Jahrhundert begütert war, wird schon
gegen Ende jenes Jahrhunderts eine Kirche erwähnt, ebenso in
Aselfingen, wenn es nicht schon vor dem Übergang an St. Gallen
als Herrenhof des Grafen Berthold ein Gotteshaus hatte; in Löf=
fingen, ebenfalls St. Galler Besitz, Kirche 819; in Achdorf und
Dillendorf ist das frühe Vorhandensein von Kirchen wenigstens
zu vermuten, in Kirchzarten, das zu St. Gallen gleichfalls ge=
hörte, 816 Kirche erwähnt; in Merzhausen 786 Kirche erbaut. In
ebenso ausgedehntem Maße hat Lorsch früh seine kolonisatorische
Tätigkeit mit der Errichtung von Kirchen eingeleitet. An der Berg=
straße dürfte eine seiner frühesten Gründungen die Kirche des hl.
Nazarius (also nach dem Patron des Mutterklosters benannt) zu
Handschuhsheim gewesen sein, sie stand jedenfalls schon 765, denn
in diesem Jahre wird sie in einer Schenkungsurkunde erwähnt.
In einem andern Lorscher Besitztum, Weinheim, hören wir 861
von einer Kirche; im Kraichgau, der fast ganz zu Lorsch ge=
hörte, finden wir eine Anzahl sehr früher Gotteshäuser, so in
Gölshausen (826 erbaut), in Zeutern (779), in Menzingen (770),
in Mühlhausen (861). Für Kirchhofen und Bischoffingen, wo das
Basler Stift Güter hatte, sind Kirchen schon bald nach der Wende
vom 1. zum 2. Jahrtausend nachweisbar. Wie auch die Ortenauer
Klöster diesem Beispiel folgten, wurde schon oben gezeigt. Diese
Eigenkirchen von Bischöfen und Klöstern waren wie die von Laien
wirkliches Eigentum des Inhabers; sie konnten vertauscht und vergabt
werden und ihre Einkünfte fielen ebenfalls dem Eigentümer zu.
Da offenbar bei solcher Rechtslage der Pfründeninhaber und auch

das Gotteshaus selber dürftig wegkamen, ging das Streben Karls des Großen und Ludwigs des Frommen dahin, seit Anfang des 9. Jahrhunderts die ganze Eigenkirchenfrage wenigstens in etwa mit den kirchlichen Bestimmungen, wonach der Bischof Anrecht und Anspruch auf das Besitztum und die Einkünfte der Diözesankirchen hat, in Einklang zu bringen. Die Errichtung von Eigenkirchen soll in Zukunft nur gestattet sein gegen den Nachweis einer genügenden Dotation; dem Bischof soll das Bestätigungs- und Aufsichtsrecht eingeräumt werden; auch hängt die Anstellung oder Entlassung von Pfarrern von seiner Zustimmung ab. Nachbarkirchen dürfen durch eine Neugründung in ihrem Eigentums- und Zehntrecht nicht beeinträchtigt werden. Zum Wesen einer Pfarrkirche gehören die äußeren Voraussetzungen der Seelsorge, Taufbrunnen und Friedhof, sowie das Recht der Zehntnießung, das sich seit Mitte des 8. Jahrhunderts durchsetzte und anfangs nur den Parochialkirchen eingeräumt war, seit 819 auch den andern Eigenkirchen mit der Auflage, dem Grundherrn einen Teil davon zu überlassen. Der Zehntzwang setzt eine genaue Abgrenzung des Pfarrsprengels voraus, deren Festlegung man durch Urkunden wie auch vielfach in monumentaler Form erzielte. Eine frühe Grenzumschreibung, etwa vom Jahre 805, ist uns noch für Heppenheim in einer Steininschrift erhalten. Der Besitzstand der einzelnen Klöster und Bistümer — über die einfachen Kirchen wissen wir so gut wie gar nichts in diesem Zeitraum — ist sehr ungleich und hat sich auch sehr verschieden entwickelt. Am begütertsten treten uns die ältesten Klöster entgegen; aber auch bei ihnen erfolgen regelmäßige Zuwendungen nennenswerten Umfangs erst von der ersten Hälfte des 8. Jahrhunderts an, also dem Zeitpunkt, da eine gesetzliche Regelung und der Anfang einer kirchlichen Organisation anzusetzen ist. Damals beginnt St. Gallen seine ausgedehnten Besitzungen an sich zu bringen. Aber noch zu Anfang des 9. Jahrhunderts kann man aus der Gallsgründung Klagen vernehmen, daß sie eine der dürftigsten Zellen des Reiches sei. Auch Honau und Schwarzach weisen zahlreiche Güter auf; ähnlich begünstigt wie St. Gallen wird von Anfang an auch Lorsch. Die Besitzungen der Bistümer sind dagegen verhältnismäßig gering bis weit ins 9. und 10. Jahrhundert hinauf; erst dann nehmen auch sie zu, hauptsächlich infolge reicher durch die königstreuen

Bischöfe erlangten Zuwendungen aus königlichen Gütern. Eine für das Gebiet des heutigen Elsaß gemachte Statistik, die wohl als Norm auch für Baden angesehen werden kann, zeigt für das Jahr 900 u. a. folgende Besitzverhältnisse: Während das Bistum Straßburg nur in 11 Orten begütert war, war es Honau in 41, Ettenheimmünster in 7, Gengenbach in 2, Schwarzach in 14. Die Schenkgeber waren entweder der König (Überweisung von Kron- oder Reichsgut) oder Vornehme eines Landes oder auch gewöhnliche Laien. Fast in den meisten Fällen (für St. Gallen wenigstens ist dieser Modus fast Regel) ließ sich der Donator seine Schenkung zu lebenslänglicher Nutznießung wieder zuweisen gegen eine jährliche Abgabe. So vergabten 802 Graf Berthold von der Baar und seine Mutter Raginsind ihre Besitzungen in Aselfingen und Mundelfingen an St. Gallen, kamen aber alsbald darum ein, sie als Lehen wieder zurückzuerhalten gegen die jährliche Abgabe von zwei Ochsen und sieben guten Saigen (= Denare). Die Bewirtschaftung so ausgedehnter Güter geschah entweder durch solche zinspflichtige Gemeinfreie oder durch unfreie Hörige, die mehr und mehr überhandnahmen, je mehr der Großgrundbesitz das kleine Eigentum absorbierte und je mehr im Schatten eines geistlichen oder weltlichen Herrn ein verhältnismäßig leichtes, sorgenfreies Dasein winkte, bei den mit Immunität ausgestatteten Stiften außerdem Freiheit von allen staatlichen Auflagen. Die Verpflichtungen gegenüber der Kirche oder einem Kloster waren in der Tat nicht drückend. Der Hörige hatte nach alamannischem Recht drei Tage der Woche für das Kloster oder die Kirche zu arbeiten und jährlich eine bestimmte Ration Naturalien (15 Sikeln Bier, 1 Schwein, 2 Scheffel Korn, 5 Hühner und 20 Eier) zu entrichten. Wenn dieser ausgedehnte Großgrundbesitz bei dieser Art Bewirtschaftung nicht rationell ausgebeutet wurde und noch weniger dem Besitzer den vollen Nutzen abwarf, so stieg doch die Leistungsfähigkeit der Kirchen und Stifte sehr hoch im 9. und 10. Jahrhundert. Wenn wir bedenken, was für charitative Zwecke, für Ausübung der Gastfreundschaft und andere ähnliche Dienste abging, so verdient es rückhaltlose Anerkennung, wie viel Klöster wie die Reichenau und St. Gallen für Schulzwecke aufwendeten, welche Kirchen- und Klosterbauten sie durchzuführen wagten und mit welchem Pomp sie sie ausstatteten.

Der Bau von Gotteshäusern entsprach anfänglich ganz der unsicheren, wenig gefestigten Lage des Christentums der ersten Jahrhunderte. Vollends künstlerische Bedürfnisse wird man bei den sporadisch übers Land zerstreuten Christen, bei einer noch in den Anfängen einer Kulturentwicklung steckenden Bevölkerung überhaupt nicht voraussetzen dürfen. Selbst an Orten, wo die profane heidnische Kultur der Römer Vorbilder in großartigen Verhältnissen bot, wie in Mainz, Metz, Windisch u. a. O., hat man dem Gotteshaus armselige, jeder künstlerischen Wirkung bare Formen gegeben. Bezeichnend ist das Beispiel der kürzlich im antiken Amphitheater zu Metz bloßgelegten Petrusbasilika (noch aus dem 4. Jahrhundert), die höchst wahrscheinlich überhaupt nicht durch Fachleute errichtet worden ist. Das Mauerwerk ist schlecht, die wahrscheinlich dem Amphitheater entnommenen Säulen sind völlig ungleichmäßig und sehr unbeholfen aufeinandergesetzt. Die Raumverhältnisse sind bescheiden. Auf einen zweischiffigen atriumartigen Vorraum von 4.50 Meter Breite folgt das dreischiffige Gotteshaus von 12 Meter Länge; das Holzdach setzte schon in 3 Meter Höhe an. Zahlreiche Glasmosaikwürfel zeigen, daß man im Innern wenigstens für einigen Schmuck gesorgt hatte. Auch in Mainz ist in der jüngsten Zeit auf dem Areal der früheren Albanskirche der Grundriß von deren vorkarolingischer Vorläuferin (5.—7. Jahrhundert) bloßgelegt worden, einem Bau von verhältnismäßig großer Ausmessung, der inmitten einer christlichen Nekropole lag und das kirchliche Zentrum einer Gemeinde war, die offenbar auch klösterliche Insassen hatte. Schon um 550 erwähnt Venantius Fortunatus vetusta templa der Christen von Mainz. Eine Peter- und Paulsbasilika existierte zu Anfang des 7. Jahrhunderts in Worms. Um diese Zeit hatte auch Konstanz, wenn wir der Vita Galls glauben dürfen, außer der Hauptkirche Beatae Mariae Virginis noch eine Stephanuskirche extra muros. Aus noch früherer Zeit bestand damals am Bodensee, in der Nähe von Bregenz, ein kleines Aureliakirchlein, in dem die Alamannen drei vergoldete Götterstatuen aufgestellt hatten. In der überwiegenden Mehrzahl werden die Gotteshäuser bis fast an die Schwelle des 2. Jahrtausends, namentlich da, wo sich keine römische Bautradition erhalten hatte, aus Holz und somit allen Wechselfällen einer ohnehin stürmischen Zeit unterworfen gewesen sein. Selbst die Bischofskirchen in Konstanz, Straßburg und Mainz bestanden aus diesem vergänglichen Material. Wir werden uns somit nicht wundern dürfen, wenn keinerlei monumentale Reste von dieser älteren Periode des Christentums sich in Baden erhalten haben; es fehlt uns damit auch jeder Anhaltspunkt über die Beschaffenheit dieser frühesten Gotteshäuser. Vom 8. Jahrhundert an vollzieht sich auch da, unter dem Einfluß der großen Klöster, ein allmählicher Umschwung. Das Kloster Lorsch hat z. B. auf dem Heiligenberg im 9. Jahrhundert eine dreischiffige Pfeilerbasilika aus Stein errichtet, mit Querschiff und Nebenapsiden an den Querschiffarmen, wovon neuere Grabungen wenigstens noch die Fundamente bloßgelegt haben; eine einfachere Anlage hatte die noch im 8. Jahrhundert erstellte Lorscher Kirche in Handschuhsheim, ein einschiffiger Steinbau von etwa 6 Meter Breite, von dem in der heutigen Kirche vielleicht noch der Triumphbogen mit einem Teil des Hauptgesimses und ein Stück der westlichen Abschlußwand mit zwei Fensteröffnungen erhalten ist. Schon zu Anfang des 11. Jahrhunderts wird anläßlich eines Umbaues der Kirche und der Klostergebäude auf dem Heiligenberg ihre Ausstattung mit Kreuzen und Metalltafeln und anderm reichen Schmuck erwähnt. Größer noch ist der Bestand an noch erhaltenen Kirchenbauten des 1. Jahrtausends, die mit der Pirminschen Gründung im Bodensee zusammenhängen; die Gotteshäuser der Mittelzell, von Ober- und Niederzell, sowie von Goldbach am Überlingersee, die weiter unten noch näher zu würdigen sind, stellen ganz oder teilweise wenigstens noch beachtenswerte kirchliche Baudenkmäler aus dem von uns ins Auge gefaßten Zeitabschnitt dar. Der vom 8. Jahrhundert an infolge der Translationen von Heiligenreliquien in starkem Maße sich entwickelnde Heiligenkult hatte die Errichtung zahlreicher Kirchen, Kapellen oder Memorien, die nicht zunächst gottesdienstlichen Zwecken zu dienen hatten, zur Folge. So hatte Konstanz im 10. Jahrhundert außer der Münster-, Stephans- und Schottenklosterkirche noch eine Mauritius-, Pauls- und Johanneskirche; die Insel Reichenau außer den drei noch erhaltenen Gotteshäusern eine Anzahl Kapellen: St. Gotthard, St. Johann, St. Markus, St. Peter, St. Pelagius, St. Pirmin u. a. m. In Riegel bestanden schon um die gleiche Zeit außer der Hauptkirche St. Martin noch eine Marien-, Stephans- und Michaelskirche. Häufig scheint der Eifer für solche wohl meist auf Einzelinitiative eines Privaten zurückgehende Gründungen erkaltet und der Gemeinde eine Verlegenheit, wenn nicht eine Last daraus erwachsen zu sein. Schon zu Beginn des 9. Jahrhunderts scheint langsamer Verfall, wenn nicht Inanspruchnahme für profane Zwecke das Schicksal vieler solcher überzähliger Bauten gewesen zu sein. Karl der Große verordnete darum in einem Capitulare vom Jahre 803 (40, 1), daß an Orten mit einer Mehrzahl von Gotteshäusern die überflüssigen abgebrochen, die andern aber gut imstand gehalten werden sollen. Ihrer Anlage nach befolgen die Kirchenbauten dieser Zeit noch ganz das ausgebildete System der altchristlichen Basiliken. Einteilung des Innern, Lage und Einrichtung des Altars, der Formencharakter der einzelnen Bauglieder ahmen, soweit sich aus schriftlichen Überlieferungen und aus dem nach späteren Umbauten noch erhalten gebliebenen ursprünglichen Zustand ein klares Bild gewinnen läßt, das frühere Vorbild nach. Von der 774 errichteten Lorscher Klosterkirche wird ausdrücklich berichtet, daß sie more antiquorum et imitatione veterum erbaut sei; und der noch erhaltene Torhallenbau bestätigt diese Nachricht hinreichend. Der seit der Pirmin-Bonifatianischen Reform angebahnte engere Anschluß an Rom veranlaßte Äbte wie Bischöfe und einfache Kleriker zu häufigen Reisen nach der Hauptstadt der christlichen Welt; von dort nahmen sie nicht nur Anregungen im allgemeinen für die Herstellung und Einrichtung ihrer Kirchenbauten mit, sondern oft ganz bestimmte Vorbilder. So wird von Bischof Gebhard II. von Konstanz ausdrücklich versichert, daß er die Kirche des von ihm gegründeten Klosters nach der Form der Peterskirche in Rom habe herstellen lassen. Und nach Gregor v. Tours galt es geradezu als eine Ehrenpflicht, größere Kirchen, besonders Kathedralen, „nach römischer Art" zu bauen.

Wenn auch das Schema des altchristlichen Basilikenstils diesen Bauten der Karolinger- und Ottonenzeit zugrunde gelegt wurde, so sind doch daran merkliche Wandlungen vorgenommen worden. Der einfache luftige Hallenbau der Frühzeit scheint schon durchweg schwereren, auf eine tektonische Gliederung hinzielenden Formen gewichen zu sein, die bereits das Aufkommen des romanischen Stils ahnen lassen. Von den ganz einfachen einschiffigen Anlagen, wie in Handschuhsheim abgesehen, weist der Grundriß fast durchweg die Kreuzform von der Übergangszeit von spätchristlicher zur fränkischen Epoche auf, mit Nebenapsiden an der Ostseite des Querhauses, wie auf dem Heiligenberg bei Heidelberg; Reichenau-Mittelzell hat nur ein einfaches Querhaus, ohne daß Spuren von Apsiden daran wahrnehmbar sind; auf der Oberzell schloß der Chorteil mit dem Querhaus in einer Dreikonchenanlage und in Niederzell beim Fehlen eines eigentlichen Querhauses in drei außen gradlinig geschlossenen Apsiden. Die für die karolingisch-ottonische Bauperiode so charakteristische, durch die Aufnahme hervorragender Heiligenreliquien und neuer Kirchenpatrone zum Teil wenigstens bedingte Anlage mit Doppelchören fand auf der Reichenau gleichfalls schon, spätestens im 10. Jahrhundert, Nachahmung; die Mittelzeller wie Oberzeller Kirche weisen sie auf, die erstere sogar mit der weiteren Konsequenz eines zweiten westlichen Querhauses. Ob man aber die Anfügung dieser Westapsis in direkten Zusammenhang mit der Beisetzung der Markusreliquien bringen darf, kann bei dem Widerspruch der verschiedenen Nachrichten untereinander bezweifelt werden. Krypten waren gleichfalls schon, wie in andern zeitgenössischen Gotteshäusern (Petersberg bei Fulda, St. Gallen, Echternach), in den frühesten badischen Kirchen angebracht, in Konstanz, in der Oberzeller Kirche und in der Petershausener Klosterkirche. Ihre Anlage ist vielfach noch von rudimentärster, an Katakombenkrypten erinnernder Einfachheit wie in Konstanz, wo drei Kammern durch einen Gang in Verbindung gesetzt sind; und einfach sind auch durchweg die architektonischen Formen der Krypten, plumpe Gewölbeformation und rohe Säulenstruktur mit schweren Trapezkapitellen ohne Wulst und Deckplatte, wie in der Oberzell. Wo nicht von vornherein ein reicher entwickeltes gottesdienstliches Leben sich ausgebildet hatte oder eine größere Gemeinde bestand, begnügte man sich mit einschiffigen Bauten, wie wahrscheinlich in der ersten Zeit in Niederzell und Oberzell. Für Landkirchen darf immer noch das Goldbacher Silvesterkirchlein, das seine Entstehung der Reichenau zu verdanken hat, als typisch bezeichnet werden: ein primitiv einfacher, rechteckiger Bau, von kleiner Ausmessung und den dürftigsten Formen, aus Findlingen aufgeschichtet und von verhältnismäßig geringer Höhe. Etwa im 9. Jahrhundert entstanden, wurde sie wohl im Jahrhundert darauf erweitert durch Anfügung eines größeren Altarhauses und Erhöhung der Schiffwände. Vielleicht sind damals auch, ähnlich wie bei einer Kirche in Nola, auf jeder Langhausseite zwei durch türartige Öffnungen von der Kirche aus zugängliche Kapellen angelegt worden, deren Grundriß jüngst festgestellt wurde. Noch später ist das Langhaus nach Westen verlängert worden. Von Zierformen jeglicher Art hat man offenbar abgesehen; niedere und schmale Fensteröffnungen mit starker Abschrägung der Mauer nach innen sorgen für Lichtzufuhr. Ein Atrium hatten wohl die meisten Kirchen dieser Zeit, im Gegensatz zu den primitiven Gotteshäusern der frühesten alamannischen Zeit, wenigstens wird es für die Reichenauer Münsterkirche, für Petershausen und St. Gallen erwähnt und schon damals als Paradies bezeichnet. Auch für Landkirchen ist dieser Vorbau bezeugt. Er ist wie auch noch im späteren Mittelalter die beliebte Stätte, wo öffentliche Angelegenheiten und Abmachungen rechtlicher Natur erledigt wurden. Im Atrium von St. Martin zu Ewattingen ist 797 eine Traditionsurkunde für St. Gallen ausgefertigt, eine ähnliche 807 im Atrium von St. Lorenz zu Binzen bei Lörrach.

In Hinsicht auf die innere Ausstattung der Kirchen lassen die Nachrichten seit den Tagen der Karolinger, da ein reger Verkehr mit Italien und mit Byzanz eingeleitet war, einen erstaunlichen Reichtum und Prunk ahnen. Gebilde von Edelmetall umkleiden und zieren den Altar und die Ruhestätten von Heiligenleibern. Kostbare Gefäße und Kruzifixe aus gleichem Stoff, oft noch reich mit wertvollen oder wenigstens bunten Steinen besetzt, Prunkbücher mit feierlichen Miniaturen und prächtigen elfenbeingeschnitzten Decken, große Mengen mit Bildmotiven oft ausgestatteter Textilien waren schon im 9. Jahrhundert in den Schatzkammern der Kirchen aufgehäuft. Die ausgedehnten Flächen der Apsis und der Hochwände des Mittelschiffes bedeckten Malereien mit meist zyklischen Motiven, in Anordnung wie auch hinsichtlich des Stilcharakters noch verwandt mit den Schöpfungen der spätchristlichen Zeit. Zum Glück gestatten, wie wir oben sahen, die noch erhaltenen, recht ansehnlichen Reste dieser Innenausstattung der Kirchen am Bodensee sowie ausgiebige literarische Zeugnisse ein verhältnismäßig abschließendes Urteil über diese ersten Versuche einer kirchlichen Kunst auf deutschem Boden.

Der Altar war fast durchweg in Ciboriumform gehalten; Säulen, Bedachung, wie die Seitenflächen des Altarunterbaues zeigen meist reiche Bekleidung mit Edelmetallblechen. So erhielt die Mittelzeller Kirche auf der Reichenau durch den kunstsinnigen Abt Witigowo (985—997) ein mit Gold und Edelsteinen geschmücktes Antependium, wie ähnliche in jener Zeit auch für Fulda, Lorsch u. a. O. bezeugt sind; der Altarunterbau, aus Ziegelsteinen aufgemauert, war mit Silberplatten bedeckt. Der Altar von Oberzell hat sich heute noch, wohl aus dieser Frühzeit des 9./10. Jahrhunderts erhalten, allerdings seiner reichen Zier völlig entkleidet. Der Unterbau erhebt sich über zwei Stufen, oben gedeckt mit einer kräftigen Steinplatte, das Märtyrergrab im Innern war vorn zugänglich durch eine doppelflügelige Eisentüre und sichtbar durch zwei runde Öffnungen, eine sehr interessante Reminiszenz an die Einrichtung der altchristlichen Confessio. Von dem Petershausener Hochaltar haben wir wenigstens noch eine eingehende Beschreibung. Die vier Eichensäulen des Ciboriums waren mit Silberplatten beschlagen, die vier Bogen oben mit vergoldetem Silber- und Kupferblech; aus ähnlichem Material bestand auch die Deckplatte, deren Mittelöffnung noch überragt war von einem mit dem Lamm Gottes geschmückten Helm. Das Antependium auf der Ostseite des Altarunterbaues war aus Gold hergestellt und mit Steinen geschmückt; dargestellt war darauf in getriebenem Gold der Herr inmitten der Cherubine, der 4 Evangelisten und 24 Ältesten; auf der Westseite war eine ähnliche Verkleidung aus Silber, die in der Mitte in erhabener Arbeit das Bild der Gottesmutter aus Gold zeigt. Unter dem sonstigen Schmuck des Gotteshauses werden auch Stukkaturen erwähnt, mit denen in Mittelzell unter Witigowo die Arkadenbögen der Hochschiffwände verziert waren, und die in Reliefarbeit Figuren und Blumenornamente darstellten. Auch am Grabmal Bischof Gebhards in Petershausen waren ähnliche Stukkoverzierungen angebracht und in Disentis hat man jüngst zahlreiche Proben dieser Dekoration figürlichen wie ornamentalen Inhalts spätestens aus dem 8. Jahrhundert aufgedeckt. Man darf somit annehmen, daß diese auf die Römer zurückgehende Technik sich bis ins frühe Mittelalter erhalten hat, und daß sie besonders in karolingisch-ottonischer Zeit beliebt war.

Entsprechend diesen reichen Verhältnissen der Innenausstattung waren auch die monumentalen Schöpfungen in Plastik und Malerei, mit denen die Kirchen dieses Zeitraumes geschmückt waren. An Skulpturwerken ist allerdings nichts auf uns gekommen, außer einigen mehr kunstgewerblichen Proben der Edelschmiede- und Elfenbeinkunst. In der Hauptsache wird die Plastik Reliefdarstellungen, sehr viel seltener Freistatuen, geschaffen haben. Um Reliefs wenigstens wird es sich gehandelt haben, als zu Anfang des 10. Jahrhunderts der bekannte St. Gallener Mönch Tutilo nach Konstanz berufen wurde, um ein Gemälde für den Hauptaltar und Ziertafeln für den Ambo herzustellen. Im Relief war jedenfalls auch das „auf einer Holztafel eingeschnittene Bild der Gottesmutter", das Bischof Gebhard einst im Traume erschien. Einen viel besseren Überblick haben wir über die kirchlichen Wandmalereien, besonders in der Bodenseegegend. Die Reichenau hatte im 9. und 10. Jahrhundert entschieden eine führende Stellung durch seine Kunst; auch St. Gallen ließ sich von der Reichenau Mönchskünstler geben zur Ausführung von Malereien. Reichenauer Mönche haben zweifellos auch den Bilderzyklus in der Petershausener Kirche geschaffen, der auf den Hochschiffwänden Szenen des Alten und Neuen Testaments, jedenfalls in typologischer Gegenüberstellung, enthielt. Unter Abt Witigowo wurden in den kassettierten Deckenfeldern des Claustrums der Mittelzelle Malereien angebracht mit Darstellungen aus der Geschichte des Klosters. Es haben sich außerdem Tituli erhalten, die Carmina Sangallensia, in Verse gefaßte Unterschriften, die offenbar für den Bilderzyklus einer Kirche am Bodensee bestimmt waren. Es ist aber auch ein größerer Teil der Wandmalereien dieser Zeit auf uns gekommen, teilweise erst in den letzten Jahren freigelegt, so daß man sich auf Grund dieser Reste eine leidlich gute Vorstellung von der Qualität und künstlerischen Wirkung dieses Kirchenschmuckes bilden kann. Den bedeutsamsten Zyklus enthält die Oberzell; an den Hochschiffwänden ihrer Kirche sind jederseits, oben und unten eingefaßt durch einen Mäanderfries, vier Wunder des Herrn dargestellt (Auferweckung des Lazarus, Heilung des blutflüssigen Weibes und Auferweckung der Tochter des Jairus; des Jünglings von Naim; Heilung des Aussätzigen — Teufelaustreibung bei Gerasa; Heilung des Wassersüchtigen; Beruhigung des Sturmes auf dem Meere; Heilung des Blindgeborenen); in den Bogenzwickeln Medaillons von Propheten oder Bischöfen; über der Bilderreihe zwischen den Fenstern die Apostel. An der Außenseite der Westapside erscheint das Jüngste Gericht, eines der frühesten Beispiele dieses Motivs, wohl aus dem Anfang des 11. Jahrhunderts, während die Malereien des Innern noch dem Ende des 10. Jahrhunderts angehören dürften. Nahe Verwandtschaft mit ihnen nach der stofflichen wie stilistischen Seite zeigt der neuerdings erst freigelegte Zyklus in dem kleinen Kirchlein zu Goldbach. Auch hier haben Reichenauer Meister, wohl um die gleiche Zeit, ein annähernd ähnliches Programm durchzuführen gesucht an der Oberwand des Langhauses: zwischen zwei Mäanderbändern Heilung des Aussätzigen; Auferweckung des Jünglings von Naim; eine noch ungedeutete Szene; Teufelaustreibung; Sturm auf dem Meer; anderes ist nicht mehr zu erkennen, wiewohl auch noch eine untere Bilderreihe angenommen werden muß. Außerdem hat sich aus einem tiefer liegenden Mäanderfries der Schluß ziehen lassen, daß das Kirchlein schon in seiner frühesten, kleineren Gestalt, also mindestens schon im 9. Jahrhundert, ausgemalt war. Den Chorbogen zierte eine große Huldigungsgruppe, wie sie von römischen Basiliken her bekannt sind: links der Oberkörper des hl. Martinus mit seiner Schutzbefohlenen, der durch Beischrift genannten Jltepurg, rechts ein anderer Heiliger, von dessen Namen sich die Endung cianus (Priscianus, Marcianus, Lucianus?) erhalten hat, mit einem Donator Winidhere, der ein Kirchenmodell auf den Händen trägt, somit mit Jltepurg als Stifter der Kirche angesprochen werden darf. Wohl zusammen mit diesem Zyklus entstanden die Malereien im Chor, 12 imposante Apostelgestalten. Etwas später, schon über der oberen Grenze unseres Zeitraumes hinaus (etwa erste Hälfte des 11. Jahrhunderts), liegt das imposante Apsidalbild der Niederzelle, in drei Zonen übereinander der thronende Christus, von den Evangelistensymbolen umgeben, der Chorus apostolorum und der Chorus prophetarum; ungefähr in die gleiche Zeit fällt auch der durch Reichenauer Mönche geschaffene Bilderschmuck des kleinen Kirchlein zu Burgfelden (ein Jüngstes Gericht und Parabeln des Herrn). Wo dieser Bilderschmuck von Kirchen noch in größerer Ausdehnung erhalten oder mindestens die Anordnung des Ganzen übersehen läßt, da offenbart er durchweg den allerengsten Zusammenhang mit der in italienischen, ravennatischen wie römischen Kirchen, und zwar aus noch früherer Zeit, befolgten Zusammenstellung: Typologie des Alten und Neuen Testaments wie in Petershausen, ausgewählte Motive aus dem Neuen Testamente mit Propheten und Apostelreihen, gewissermaßen den Repräsentanten und Zeugen der hl. Geschichte. In der Apsis gewöhnlich das beherrschende Motiv des Herrn in der Majestät; im Westen aber jetzt, und das ist bereits ein völliger Bruch mit der älteren Tradition und eine Hinüberleitung zum Mittelalter, das Weltgericht. Die Auswahl der Szenen selber dürfte sich vorwiegend nach den Lektionen des Kirchenjahrs, bzw. nach dem von den Lektionarien gebotenen Stoff gerichtet haben, in denen sehr häufig die einzelnen Motive gleichfalls bildlich dargestellt waren. Nach der durch Karl den Großen veranlaßten Ersetzung der gallikanischen Liturgie durch die römische war in der ganzen fränkischen Kirche eine größere Einheitlichkeit und Gleichmäßigkeit des liturgischen Lebens garantiert; die nächste Folge war die massenhafte Herstellung der für die liturgischen Verrichtungen benötigten Bücher, der Lektionarien und Sakramentarien, oft in prunkvollster Ausstattung, reich verziert mit Miniaturen. Des weiteren setzte sich durch den in diesen offiziellen Büchern gebotenen Stoff eine Tradition in der Bevorzugung gewisser Motive fest, deren Niederschlag wir ebensowohl in der Predigt jener Zeit, namentlich in der sogenannten Musterpredigt aus der Zeit Karls des Großen, deren Vorbild schon in der oben erwähnten Predigt bei der Wahl des Bischofs Johannes von Konstanz zu sehen ist, als auch in den eben besprochenen Bilderzyklen konstatieren können.

Unter den Prunkgegenständen in den Kirchen der karolingisch-ottonischen Zeit spielen neben den Altarutensilien vor allem die Reliquienbehälter eine große Rolle. Der Reliquienkult hatte seit dem regen Verkehr mit Italien und mit dem Orient eine über die Maßen große Ausdehnung angenommen und teilweise starke Veränderungen auch in der Gestalt des Gotteshauses herbeigeführt. Jedes größere Kloster suchte sich auf rechtmäßige oder unrechtmäßige Weise in den Besitz der leiblichen Reste eines angesehenen Heiligen zu setzen. Hatten noch Karl der Große und andere einsichtige Männer, zum Teil durch Synodalbeschlüsse, diese Anhäufung von echten und noch mehr unechten Reliquien etwas zu mäßigen gesucht, so fiel später, besonders unter Ludwig dem Frommen, auch diese letzte Schranke. So erhielt die Reichenau im 9. Jahrhundert die Leiber des hl. Valens, Senesius, des hl. Januarius und des hl. Markus 925 durch die Gräfin Swanahild die Blutreliquie, 910 durch den Archimandriten Ben Krug von der Hochzeit von Kana;

nach Konstanz kam der Leib des hl. Pelagius; nach Petershausen der Kopf Gregors des Großen und durch die Mutter Ottos III. eine aus Griechenland mitgebrachte Armreliquie des Apostels Philippus; nach Schienen der Leib des hl. Genesius aus Jerusalem; nach Rheinau der Leib des hl. Blasius. Die Begründer von Honau hatten aus ihrer Heimat größere Reste ihrer Nationalheiligen Brigida mitgebracht. Besonders viele Reliquien kamen aus Rom und namentlich aus den Katakomben; aus den nahen Beziehungen der Franken zur römischen Kirche S. Maria in Via Lata, wo man den hl. Cyriakus beigesetzt glaubte, mag es sich erklären, daß sehr früh schon bei uns Reliquien dieses Märtyrers sich finden. Dem hl. Konrad rühmt eine späte Bistumschronik nach: „er begabet den fronaltar mit gar vil hailtum, das er erwarb ze Rom, von da was er ettwa dick gewesen". Hand in Hand mit diesem Reliquienimport ging die Erhebung bisher wenig bekannter einheimischer Heiligen. So wurde dem hl. Trudpert, dem hl. Landelin, dem hl. Otmar von St. Gallen und wahrscheinlich auch erst dem hl. Fridolin die Ehre des Altars in karolingischer Zeit zuteil. Es ist nur eine Folge dieser stärker einsetzenden Verehrung einer großen Anzahl von Heiligen und des dadurch für sie geweckten Interesses, daß eine ausgiebige hagiographische Literatur über sie entsteht, teils kurze, knappe Schilderungen für die Lektionen des Offiziums, teils weitausholende Biographien auf oft winzigem geschichtlichen Boden. Diesem stark entwickelten Reliquienkult entsprach eine möglichst ehrenvolle Aufbewahrung; es wurden für die so hochverehrten Überreste die prunkvollsten Behälter hergestellt, wie sich an den wenigen noch aus dem ersten Jahrtausend auf uns gekommenen Reliquiarien der Reichenau, besonders dem kostbaren Reliquienkästchen von der Oberzell, sehen läßt. Oft fordern in der Legende Heilige, die ihre sterblichen Reste schlecht aufbewahrt wissen, durch Visionen Geistliche, Äbte oder Bischöfe auf, für sie besser zu sorgen, oder sie künden geradezu Strafen an. So transferiert Bischof Wolfleoz von Konstanz infolge einer nächtlichen Vision die an feuchtem Orte ruhenden Reste des hl. Trudpert; Bischof Gebhard I. aber, der eine solche Mahnung des hl. Markus unbeachtet gelassen, bekommt seinen baldigen Tod geweissagt. Derlei Vorstellungen können in etwa Gradmesser des Heiligen- und Reliquienkultes jener Zeit sein; sie machen es begreiflich, wie manche Menschen ihre

Lebensaufgabe darein setzen konnten, der Verehrung irgendeines bestimmten Heiligen eine möglichst weite Verbreitung zu geben; der hl. Fridolin z. B. hat sich derart als Herold des hl. Hilarius hervorgetan.

Seinen nächsten und auch bedeutsamsten Ausdruck hat der Heiligen- und Reliquienkult aber im Patronatsverhältnis eines Heiligen zum Gotteshaus gefunden. Dieses Verhältnis gibt uns nicht nur den Schlüssel zu oft ganz unverständlichen Gepflogenheiten oder zu künstlerischen Darstellungen an einem Ort, sondern spiegelt auch meist ein Stück früher Lokalkirchengeschichte wieder. Geschah doch, wie wir schon gelegentlich sahen, die Zuweisung einer Kirche an einen besonderen Heiligen in der Frühzeit bis hoch ins Mittelalter hinauf fast durchweg nach wohlmotivierten und konsequent durchgeführten Grundsätzen. Wie tief der Kirchenheilige ins Volksbewußtsein eingedrungen ist, welch überragende Rolle er im ganzen sozialen Leben, in öffentlichen Gebräuchen und in der Volksmeinung spielte, zeigen Sitten und Gepflogenheiten, die an den Festtagen der ältesten und volkstümlichsten Kirchenpatrone üblich waren, am Feste etwa eines hl. Martin, eines hl. Michael, hl. Johannes, hl. Georg und hl. Nikolaus u. a. Im Kirchenpatron verkörpert sich ganz eigentlich der Schutzgeist eines Gemeinwesens, den man in frohen Tagen jubelnd pries, den man aber auch um Schutz und Beistand in Tagen der Heimsuchung und des Elendes anrief, dem man schließlich persönlich Vermächtnisse machte, wenn man seiner Kirche etwas stiften wollte, so wie auch heute noch der Sprachgebrauch das Wort „der Heilige" für den Kirchenfonds kennt. Die Namengebung nach einem hervorragenden Patron bei der Taufe ist zwar in dieser Frühzeit noch weniger zum festen Usus geworden, als es im eigentlichen Mittelalter wahrzunehmen ist. Noch herrschen die alten germanischen Namen vor, dazwischen begegnen wir dann auch wohl Taufnamen, die alt- und neutestamentlichen Personen entnommen (der Abt Job von Schwarzach z. B.), aber sie sind im 9. Jahrhundert noch sehr selten und dürften fast ausnahmslos eingewanderten Nichtgermanen, hauptsächlich Romanen, zugehören. Sehr häufig aber reichen die Wurzeln der Heiligenverehrung und des in eigenartigen Gepflogenheiten ausgebauten Kultes eines Kirchenpatrons über das Christentum noch zurück. Mit schonender Rücksicht auf die Interessen und Bedürfnisse, die dem Volk am tiefsten ans Herz gewachsen und in letztem Grunde einem unausrottbaren menschlichen Gefühle entspringen, hat die Kirche bestimmten Heiligen die bisherigen Funktionen, die gewisse Götter in der Volksvorstellung hatten, zugewiesen. Man braucht deshalb noch lange nicht gewisse Heilige als christlich umgetaufte Götter anzusehen; dem Volke sollte nur, das besagt klar und unzweideutig sowohl die Pastoralinstruktion Gregors des Großen wie die oben schon erwähnte Pirmins, ein Ersatz für den Gegenstand seines bisherigen Zutrauens und seiner religiösen Verrichtungen gegeben werden, und zwar ein möglichst wenig fremdartiger, die bisherigen Gewohnheiten möglichst wenig störender. Aus dem Grunde hat man oft gar nicht erst die Tempel niedergerissen, sondern sie in Gotteshäuser umgewandelt; man hat kirchliche Heiligenfeste mit Vorliebe auf heidnische Festtage verlegt, um diese in der Volksvorstellung zu ersetzen, auch nach ihrer weltlich profanen Seite. Wo die drei Nornen verehrt wurden, da hat man den Kult der drei Jungfrauen Einbet, Worbet und Wilbet, angeblich Begleiterinnen der hl. Ursula, eingeführt (bei Freiburg; über Gengenbach). Ähnliche Beziehungen zu vorchristlichen Kultstätten dürften auch vielen Michaelskirchen der frühesten Zeit zugrunde liegen. Namentlich wo solche Gotteshäuser auf ragenden Höhen errichtet waren, wie in Eichelberg bei Eppingen, bei Heidelberg, bei Riegel, Untergrombach, Aufkirch bei Überlingen, kann wohl zugegeben werden, daß sie pagane Tempel Wodans ersetzen sollten. An erstgenanntem Ort, auf dem Eichelberg, liegt dieser Zusammenhang besonders klar zutage, da antike Überreste dort gefunden wurden und ein Weg heute noch den Namen Götzenweg führt. Der hl. Michael als Patron eignete sich für eine solche Substitution um so besser, als seine berühmtesten und frühesten Kultstätten auf dem Monte Gargano und der 710 entstandene fränkische Wallfahrtsort Mont Michel gleichfalls Höhenheiligtümer waren. Aber die ganze große Zahl von Michaelskirchen, die in der Frühzeit germanischen Christentums fast in der gleichen Häufigkeit wie die Martinskirchen nachzuweisen sind, kann derart nicht motiviert werden. Viele der Kirchen lagen nicht auf Anhöhen, und für alle kann man ebensowenig einen Zusammenhang mit heidnischen Kultstätten annehmen. Die starke Verbreitung des hl. Michael als Kirchenpatron kann nur aus einer großen Volkstümlichkeit erklärt werden, die selber wieder die Folge besonders hoher Vorstellungen ist, die man über den Erzengel sich gebildet hatte. Nun verkörpern sich in ihm aber ganz verschiedene Vorstellungen und differenzieren sein Patronat teils für Höhenkirchen und Bergkapellen, teils für Friedhofkirchen: die Vorstellung von dem streitbaren Erzengel, der die Engelrevolte sieghaft niederschlägt, daher der Schlachtenheros der Deutschen schon von frühester Zeit an; schon in der Ungarschlacht am Lechfeld wehte den Kämpfern die Michaelsfahne voran. Daneben her ging auch die in die Liturgie übergegangene Auffassung des Engels als des Seelenführers Dahingeschiedener. Diese letztere Vorstellung läßt sich schon bei Gregor v. Tours nachweisen; sie dürfte die Gepflogenheit veranlaßt haben, den Kirchenanlagen nach Westen eine besondere Michaelskirche vorzulagern (so in Schwarzach), oder noch häufiger eine Michaelskapelle erhöht in einem Obergeschoß der westlichen Kirchenteile unterzubringen, wie in St. Gallen, in Allerheiligen bei Schaffhausen, in Reichenau-Mittelzell. Es sind somit zwei Momente bei der Lage solcher dem hl. Michael geweihten Kultstätten von Bedeutung, das Bestreben, sie möglichst erhöht und weiterhin nach Westen anzubringen. Im ersteren klingt die Erinnerung an den noch mit paganen Vorstellungen umwobenen Höhenheiligen nach, im letzteren verrät sich, da nach Westen, nach dem Abend gewöhnlich der Friedhof lag, sein Charakter als der christliche Seelengeleiter.

Sehen wir von den bisher betrachteten Kirchenpatronen ab, deren Stammwurzeln sich allenfalls noch in die heidnische Urzeit hinein verlieren können, so haben wir für das erste Jahrtausend, soweit wir es heute noch prüfen können, eine kleine Gruppe immer wiederkehrender Heiligen als Kirchenpatrone. Es sind Martin, Gallus, Maria, die Apostel und besonders die Apostelfürsten Stephanus, Johannes Baptista, Georg, Nikolaus. Genau die gleiche Erscheinung läßt sich auch für Württemberg, das Elsaß und die angrenzende Schweiz nachweisen, nur daß hier jeweils noch lokale Patrone hinzukommen. Diese Vorliebe für bestimmte Heilige reflektiert in gewissem Grade die ganze älteste Christianisierungsgeschichte unserer Gaue. Diese Geschichte zerfällt, wie wir sahen, in mehrere scharf geschiedene Phasen: die Christianisierung unter römischem Einfluß hat nennenswerte Spuren bei uns nicht hinterlassen; auch nicht in den ältesten Kirchenpatronaten. Man könnte sich noch am ehesten auf das Patronat des hl. Mauritius, des

Hauptes der Thebäer, berufen, als auf eine Nachwirkung jener römischen Christianisierungsepoche. Aber der Kult dieses Heiligen und damit auch seine Wahl zum Kirchenpatron setzt bei uns erst sehr spät ein; vor dem Jahr 1000 finden sich nur zwei Beispiele: die Mauritiuskapelle, die Bischof Konrad in der zweiten Hälfte des 10. Jahrhunderts in Konstanz erbauen ließ, und die Kirche zu Ulm bei Oberkirch, eine uralte, wohl noch über das Jahr 1000 hinabreichende Kirchspielskirche. Beide Male dürfte die Wahl des Patronus veranlaßt worden sein durch Translation von Reliquien. Gerade im 10. Jahrhundert ging eine größere Anzahl von Reliquien des hl. Mauritius außerhalb der Schweiz, 961 nach Magdeburg, 952 nach Einsiedeln, 992 nach Augsburg, Benediktbeuren und Halberstadt, 1030 nach Petershausen. Man darf wohl als sicher annehmen, daß Konrad Mauritiusreliquien von dem befreundeten Kloster Einsiedeln erhielt, dessen Kirche er 948 zu Ehren der Gottesmutter und des hl. Mauritius einweihen sollte, wobei sich die bekannte Engelweihe in der Nacht ereignete. Ulm aber dürfte zu Mauritiusreliquien durch Säckingen gekommen sein, das dort patronatsberechtigt war. Aus der übergroßen Zahl der anderen dem Thebäerführer geweihten Kirchen und Kapellen, die sich in Baden, und zwar in all seinen Teilen, vorfinden (etwa 25), läßt sich das Patronat von keiner einzigen in das erste Jahrtausend hinab verfolgen. Der Heilige ist eben in unsern Gauen kein ursprünglicher Patron; die Blütezeit seines Kultes ist das hohe Mittelalter und noch besser dessen Schluß. So mag auch das Patronatsverhältnis der meisten badischen Mauritiuskirchen in diesem späteren Zeitraum erst begründet worden sein. Erst dem eigentlichen Mittelalter gehört auch der Kult der Gefährtin der Thebäer, der hl. Verena, an, der, eine Mischung von christlich legendarischen und von germanisch paganen Vorstellungen, seinen Mittel- und Ausgangspunkt, wohl seit dem 9. Jahrhundert, in Zurzach hatte und von da dann im 2. Jahrtausend in die verschiedensten Teile der Konstanzer Diözese, in Baden in Andelshofen, Dettingen, Engelwies, Liggeringen, Mahlspüren, Roggenbeuern, Volkertshausen und Wiechs einbürgerte.

Die zweite Christianisierung unseres Landes ging in frühfränkischer Zeit vor sich, angeregt und gefördert durch die fränkischen Könige, eingeleitet durch die mit den Herren- und Kronhöfen verbundenen Gotteshäuser, weiter dann durchgeführt durch Mönche, die vom westlichen Frankengebiet kamen und aus iroschottischen oder angelsächsischen Klöstern stammten. Dieser zweiten Missionierungsphase gehören unsere ältesten Kirchenpatronate an. Die zahlreichen über dieses Grenzgebiet des fränkischen Reiches zerstreuten Martinskirchen, von denen schon oben die Rede war, bezeugen die nationale Herkunft dieser Christianisierung. Zu einem guten Teil mögen diese ersten christlichen Kultstätten Badens einst zu den Königshöfen gehört haben und zu einer Zeit entstanden sein, da ringsum noch die Nacht des Heidentums das Land deckte. Im Gefolge des fränkischen Nationalheiligen kamen noch andere Patrone aus dem Westreich, vor allem Hilarius, dessen Verehrung bei uns namentlich durch den hl. Fridolin eingebürgert wurde; ferner Germanus und Vedastus, Symphorian, Vincentius, Remigius, Urbanus, Leonhard, Pankratius. Verleihen diese Patronate dem ältesten Christentum Alamanniens gewissermaßen den Stempel der nationalen Zugehörigkeit, so zeigte der hl. Gallus, dessen Kult besonders in der südlichen Hälfte Badens stark verbreitet ist, den Apostel dieses Missionswerkes an. Damit allein ist freilich die frühe Beliebtheit des hl. Gallus als Kirchenpatron noch nicht völlig erklärt. Man könnte ja auch für den hl. Fridolin, den hl. Trudpert, den hl. Ulrich, den hl. Pirmin, einen ähnlichen Grad der Verehrung erwarten. Was dem Kult des hl. Gallus aber vor allen andern die weite Verbreitung gab, das ist sein Kloster, das überall auf seinem weitausgedehnten Besitz die Kirchen dem Schutz seines eigenen Patrons unterstellte und dadurch deren kirchliche Zugehörigkeit kennzeichnete, so wie die Martinskirchen die nationale Zugehörigkeit zum Bewußtsein bringen. Einen ähnlichen Grund dürfte es haben, wenn bei uns die Patrone Arbogast (Eschach, Marlen, Haslach), Erhard (Moos), Gangolph (Offenburg, Kluftern, Schelingen), Aper (Offenburg), Leodegar (Bellingen, Biengen, Friedingen, Oberschopfheim, Röthenbach, Schliengen) vorkommen, die sehr häufig im elsässischen Teil der Straßburger Diözese anzutreffen sind und von denen besonders Leodegar Patron der hochangesehenen und sehr begüterten elsässischen Klöster Masmünster, Murbach, Münster im Gregoriental, Niedermünster ist. Eine Erinnerung an die nationale, irische oder angelsächsische Herkunft der Missionäre in fränkischer Zeit repräsentieren die bei uns verhältnismäßig häufigen Patronate der hl. Brigida, die namentlich im Gebiet des Schottenklosters Honau weit verbreitet war, und des angelsächsischen Königs Oswald († 642), der uns als Patron in den verhältnismäßig sehr früh nachweisbaren Kirchen zu Buchen, Dielsberg, Lienheim, Stockach, Wallstadt, Wintersweiler und im Höllental bei Höllsteig begegnet. Sein Kult und seine Legende enthalten eine Anzahl Züge, in die pagane Erinnerungen (etwa an Wodan) geflossen sein mögen. Aus dem angelsächsischen Inselreich ist vielleicht auch bei uns die frühe Verehrung des hl. Georg importiert worden, der hier schon im 9. Jahrhundert als Patron von Reichenau-Oberzell, als Patron einer Kapelle bei Balletor, wo das Kloster Schwarzach seinen zweiten Standort hatte, und nach deren Abgang auch gelegentlich als Nebenpatron der Klosterkirche, ferner noch im ersten Jahrtausend in Konstanz und Petershausen begegnet. Im westfränkischen Gebiet war der Georgskult zwar nicht unbekannt, aber doch auch nicht derart stark entwickelt wie im angelsächsischen, daß man von ihm einen auf die Ferne wirkenden Einfluß hätte erwarten können. Auch bei Ausbreitung der Nikolausverehrung, die in Baden ebenfalls noch innerhalb unseres Zeitraumes auftritt (Konstanz im 9. Jahrhundert, Berau, Eichstetten), kommen die Franken wohl weniger in Betracht, dann weit eher, namentlich in den ersten Jahrhunderten des 2. Jahrtausends, die Normannen. Peter Damiani und Cluny machen für ihn ganz besonders Propaganda, die Translation seines Leibes nach Bari zu Anfang des 2. Jahrtausends (1087) hat das übrige dazu getan, ihn zu einer der populärsten Figuren im christlichen Pantheon des Mittelalters werden zu lassen und seinen Kult hauptsächlich an Flüssen und Seen und an Handelsorten einzubürgern. Die Fährten der zwei letztgenannten Heiligenkulte weisen nach dem Oriente, der Weg aber, auf dem sie ins Abendland gekommen, ist gänzlich verschüttet, und in welcher Form sie zuerst in unsere Gaue eingedrungen sind, über diese Fragen hat die Phantasie den weitesten Spielraum.

Neben dem Martins- und Galluspatronat finden wir in der Urzeit des Christentums in Alamannien das Patronat der Gottesmutter, des Apostelfürsten Johannes der Täufer und der zwei Märtyrerdiakone Laurentius und Stephanus. Auf sie entfallen weitaus die meisten Kirchen; logischerweise machen die genannten

Heiligen den überall in der Frühkirche nachweisbaren Urstamm von Kirchenpatronen aus. Es kann gar nicht zweifelhaft sein, daß sie mit dem Christentum aus dem fränkischen Stammland, namentlich aus dessen kulturellem Mittelpunkt, Tours, gekommen sind, und in Alamannien in Nachahmung der westfränkischen berühmten Gotteshäuser als Patrone der neugegründeten Kirchen übernommen worden sind. Im Frankenreich selber aber war wieder das Vorbild Roms bestimmend. Seit ein reger Pilgerverkehr nach Rom zu den berühmten Heiligtümern vom fränkischen Gebiet aus bestand, mußte hier ganz natürlich der Wunsch sich regen, ähnliche Gnadenstätten auch in der Heimat zu besitzen. So allein erklärt sich meines Erachtens befriedigend eine Reihe von Tatsachen, die wir an dem Kirchenpatronatsverhältnis der ersten Jahrhunderte wahrnehmen, vor allem die Tatsache, daß die beiden Apostelfürsten, Petrus und Paulus, so häufig zusammen als Doppelpatrone von Kirchen vorkommen. Die Vorstellung ihrer Zusammengehörigkeit kann sich nur in Rom gebildet und von Rom aus verbreitet haben. Des weiteren die andere Tatsache, daß neben Maria oft noch Johannes Baptista oder Peter und Paul, wie vor allem bei den ortenauischen Urklöstern, vorkommen. Es können hier mancherlei Motive maßgebend gewesen sein. Es kann, seit in frühkarolingischer Zeit der Anschluß der fränkischen Kirche an Rom und vor allem an dessen Liturgie und Disziplin ein besonders enger wurde, das Bedürfnis empfunden worden sein, diesem Verhältnis auch einen liturgisch-monumentalen Ausdruck zu geben, indem man zum bisherigen Patron noch einen spezifisch römischen hinzunahm und damit eine Professio fidei romanae aussprach. Daneben wird aber auch das wohl in den meisten Fällen allein bestimmende Bestreben hergelaufen sein, in einer Kirche oder an einem Ort möglichst die hervorragendsten Patrone, deren römische Kirchen Zielpunkte unaufhörlicher Wallfahrten waren, zu vereinigen. Die Liste der Sakralbauten von Konstanz und Reichenau stellt geradezu eine Nachbildung der Kirchen Roms dar; darin sind aber immer auch noch die lokalen Interessen gewahrt, so daß sich an das Commune Sanctorum das Proprium des Ortes oder der Gegend anreihte. Konstanz hatte außer dem Münster St. Mariä noch folgende Kirchen und Kapellen: St. Stephan, St. Johann, St. Paul, St. Georg, St. Peter (Petershausen), St. Mauritius; dazu im eigentlichen Mittelalter noch

St. Laurentius; die Reichenau außer den drei Münsterkirchen St. Maria und Markus, St. Peter und Paul, St. Georg noch eine Michaelskapelle, eine Pelagiuskirche, eine Bartholomäuskapelle, Markuskirche, Johanneskirche, Kilianskapelle, Meinradskapelle, Cosmas- und Damiankapelle, Kreuzkapelle, alle mit größter Wahrscheinlichkeit noch dem 1. Jahrtausend zuzuweisen. Selbst in Orten mit weniger reich entwickeltem kirchlichen Leben finden wir eine Mehrzahl von Gotteshäusern, in deren Patronaten eine Nachbildung des römischen Prototyps erblickt werden darf. So hatte Riegel außer St. Martin noch eine Marien-, eine Stephans- und eine Michaelskirche. Zu allem Überfluß liegen verschiedene Nachrichten von beweisender Stringenz vor, daß man sich bei der Wahl bestimmter Kirchenpatrone Rom zum Vorbild nahm. Bischof Gebhards Gründung Petershausen soll nach zeitgenössischem Bericht nach St. Peter in Rom erbaut sein und danach auch seine Benennung erhalten haben. Und wenn der hl. Konrad ebenfalls in Konstanz eine Kirche ad S. Paulum extra muros erbauen ließ, so liegt, auch wenn es nicht noch ausdrücklich versichert würde, hier eine Nachbildung der römischen Paulskirche vor, ebenso wie bei der vom gleichen Bischof gegründeten oder wenigstens umgebauten Konstanzer Kirche ad S. Johannem Baptistam et Evangelistam. Sonst kommt Johann der Täufer in der Frühzeit hauptsächlich als Patron von Taufkirchen vor. Bimbuch hat ihn als Patron für eine schon 1154 erwähnte Kapelle. Namentlich wo neben einer Kirche mit einem Urpatronus noch eine Johann Baptistakirche besteht, scheint letztere durchweg als die Taufkirche anzusprechen zu sein. Die Pfarrkirche und somit Taufkirche der Reichenau führt den Täufer als Patron. Ebenso dürfte, wo neben einem andern Patronus noch Johannes Baptista vorkommt, dadurch der Charakter eines Gotteshauses als Taufkirche erwiesen sein (Ettenheimmünster).

In einer großen Mehrzahl von Fällen ist, wie sich noch nachweisen läßt, die Wahl eines Kirchenpatrons durch die Translation von Reliquien bestimmt worden. So kann man, wenn die Klosterkirche von Säckingen den Titulus St. Crucis führt, bei den sonst wahrnehmbaren Beziehungen dieses Klosters zu Tours fast mit Sicherheit annehmen, daß er auf eine von der westfränkischen Metropole erhaltene Kreuzreliquie zurückgeht, um so mehr, als Tours 569 eine größere derartige Reliquie durch die hl. Radegunde erhalten hat. Einen ähnlichen Einfluß auf die Wahl von Kirchenpatronen muß man der besonders seit karolingischer Zeit überhand nehmenden Translation des Leibes oder größerer Reliquien des hl. Pelagius nach Konstanz, des hl. Senesius, Marcus und Januarius nach der Reichenau, des hl. Genesius nach Schienen, des hl. Blasius nach Rheinau und St. Blasien, der hl. Brigida nach Honau, des hl. Nazarius nach Lorsch, später des hl. Gervasius und Protasius nach Breisach zuschreiben. Es läßt sich sodann namentlich von der Schwelle vom 1. zum 2. Jahrtausend an das Eindringen populärer Heiligen aus den Grenzgebieten wahrnehmen. Wallfahrten, der Einfluß benachbarter Kirchen und Klöster und die moralische oder besitzrechtliche Abhängigkeit von solchen, vor allem auch die Gebetsverbrüderungen haben hierbei die Wege gewiesen. Derart sind zu uns gekommen: von Augsburg und Füssen der hl. Ulrich, die hl. Afra, der hl. Magnus; aus der Schweiz die Heiligen Verena (Zurzach), Otmar (St. Gallen), Felix und Regula (Zürich), Mauritius (St. Maurice); von Straßburg und dem Elsaß überhaupt Arbogast, Adolfus, Leodegar, Gangolph; von Worms Burkard; von Lorsch Nazarius; von Gorze Nabor und Gorgonius und Nazarius, deren Leiber 765 dahin übertragen wurden; von Mainz Alban; von Fulda Bonifatius, von Würzburg Kilian. Dagegen tritt der Kult der einheimischen Heiligen Trudpert, Landelin, Konrad und Gebhard erst nach dem Jahr 1000 etwas stärker hervor, namentlich die zwei Konstanzer Bischöfe erlangen später allgemeinere Verehrung.

Unter der übergroßen Zahl von Heiligen, mit denen seit der ottonischen Zeit das Volk bekannt wurde, werden die einfachen, klaren Grundsätze, die für die Wahl von Kirchenpatronen in ältester Zeit maßgebend waren, entweder ganz gegenstandslos oder sie werden verändert und in jedem Falle viel komplizierter. Andere Motive schieben sich jetzt ein. Der Gegenstand des Kultes ändert oder vervielfältigt sich mit der Vielheit von Heiligen und mit den anders gearteten Verhältnissen und Bedürfnissen. So kommt es, daß jetzt häufiger die alten Patrone durch bekanntere und den neuen Bedürfnissen besser entsprechende ersetzt werden. Ein solcher Wechsel des Patronus läßt sich sehr vielfach feststellen. Ewattingen, das im 8. Jahrhundert den hl. Martinus hatte, weist später den hl. Martin auf; Wiesenbach hatte erst Ägidius, später Michael; Urberg ehedem Cyriacus, jetzt Peter und Paul; Heimbach ursprünglich St. Maria, jetzt Gallus nach einer alten Galluskapelle. In Breisach, dessen Münster von Anfang an dem Patronat des hl. Stefan unterstellt war, hat sich später die Erinnerung daran nahezu verloren, seit mit der Reliquientranslation noch Gervasius und Protasius als Patrone hinzugenommen wurden. Sehr gut läßt sich diese Umwandlung für Handschuhsheim übersehen. Als Gründung von Lorsch weist es ursprünglich den hl. Nazarius auf; beim Bau der gotischen Kirche wählte man, da inzwischen das Zugehörigkeitsverhältnis zu Lorsch verloren gegangen war, den hl. Vitus und Georg. Oft hat man aber auch umgekehrt einen in Abgang gekommenen Patron oder Titulus wenigstens dadurch noch festzuhalten gesucht, daß man ihn als Nebenpatron einer neuen Kirche oder wenigstens als Patron eines Altars beibehielt. So hat Schwarzach als patronus secundarius noch den hl. Georg aufgenommen, dem die Kapelle zu Valletor, dem zweiten Standort des Klosters, unterstellt war. Vielfach hat man auch derart irgendein Zugehörigkeitsverhältnis monumental festzulegen gesucht, wie Überlingen die Patrone von Goldbach und Aufkirch, seiner alten Pfarrkirche, Silvester und Michael in den Figurenzyklus seines Hochaltars übernommen hat.

Es mußte auf diese ganze Frage nach den Kirchenpatronen etwas näher eingegangen werden, weil sich in ihnen wertvolle Äußerungen der ältesten Kirchengeschichte, namentlich der ältesten Form religiösen Lebens als Niederschlag erhalten haben. Sie sind für viele Orte und Gebiete unseres Landes während der wichtigen Anfangsjahrhunderte unserer Kultur die einzigen Zeugen, die uns nach mancher Richtung Aufschlüsse geben können. Es ist somit nicht etwa ein kleiner Ausschnitt des kirchlichen und religiösen Lebens unserer Altvordern, den wir da unter Beiseitelassung vieler anderer Gebiete zu behandeln versucht haben; in ihm spiegelt sich vielmehr der ganze kirchengeschichtliche Verlauf in seinen Haupterscheinungen, die kirchliche Organisation und der religiöse Kultus jener Zeit, und zwar mit scharfer lokaler Differenzierung, deutlich wieder. Alle anderen Zeugnisse, die noch etwa über diese Fragen Aufschluß geben könnten, fehlen fast durchweg und können auch fehlen, nachdem wir durch die Patrone so wichtige, wenn auch knappe Aufschlüsse erhalten haben. Die Grundlegung und der Ausbau des kirchlichen Organismus ist in dieser Frühzeit vor sich gegangen und ist im wesentlichen abgeschlossen worden bis zum Jahr 1000. Viele Fragen, die der Historiker über diese wichtige Phase zu stellen hat, werden für immer unbeantwortet bleiben müssen, weil das Wirken jener ersten Generationen von Christen auf alamannischem Boden nirgends in der Erinnerung festgehalten ist und die ersten Schöpfungen, die sie hervorgebracht, längst im Laufe der nachfolgenden Entwicklung völlig verschüttet sind. Aber die eine Tatsache hat sich doch bei diesem Gang durch das Halbdunkel frühalamannischer Geschichte feststellen lassen, daß das Christentum vom Beginn des 8. Jahrhunderts an verhältnismäßig rasch dieses zähe und ungeschlachte Volk erobert hat und schon im 9. Jahrhundert, namentlich im südlichen Teil Badens, aber auch in Mittelbaden, an der Bergstraße und im Hinterland, eine recht erfreuliche Kultur hervorgerufen hat: fast durchweg das Werk der Mönche, denen fränkische und karolingische Könige den Weg gewiesen und Förderung geboten haben. Mit dem Kreuze brachten diese fremden Asketen auch den Spaten und das Saatkorn für die Bebauung des Landes. Im 10. Jahrhundert sproßt und blüht es dann auf dem Gebiet der Künste und Wissenschaften am Bodensee dank der Reichenau und St. Gallen und dank den großen Kirchenfürsten in Konstanz, in eitler Pracht: ein Frühling, der die höchste Zier des ottonischen Saeculum Aureum ausmacht und die erste Voraussetzung bildet für die Kultur des Mittelalters in ihren besten Erscheinungen.

Literaturübersicht.

Der knappe Raum dieser Studie gestattete leider nicht, auf die einzelnen Fragen näher einzugehen und sie erschöpfend zu behandeln, ebensowenig aber auch, überall auf die jeweils in Frage kommenden fachwissenschaftlichen Werke zu verweisen. Es sei deshalb für solche, die weitere Forschungen machen wollen, die wichtigste Literatur namhaft gemacht. Über Spezialliteratur namentlich älteren Datums orientieren entweder die hier namhaft gemachten Werke oder Potthast, Bibliotheca hist. medii aevi. Berlin 1896.

I. Allgemeine Werke.

Regesta episcoporum Constantiensium, I. (517—1293), bearbeitet von P. Ladewig und Theob. Müller. Innsbruck 1895. Regesten der Bischöfe von Straßburg, I., bearbeitet von Bloch und Wentzke. Innsbruck 1908. Regesta archiepiscoporum Maguntinensium, bearbeitet von C. Will. 2 Bde. Innsbruck 1877/86. Kraus, die christl. Inschriften der Rheinlande. 2 Teile. Freiburg 1890/94. Neugart, Episcopatus Constantiensis. 2 Bde. Freiburg 1803 u. 1862. Gerbert, Mart., Historia Nigrae Silvae. I. Bd. St. Blasien 1783. Gronbibier, Histoire de l'église et des évêques de Strasbourg. 2 Bde. Straßburg 1776/78. Granbibier, Oeuvres historiques inédites. I. Bd. Colmar 1865. Granbibier, Nouvelles oeuvres inédites, herausgeg. von Ingolb. Bd. III. Colmar 1898. Schannat, Historia episcopatus Wormatiensis. Frankfurt 1734. Remling, Geschichte der Bischöfe von Speyer. I. Bd. Mainz 1852. Rettberg, Kirchengesch. Deutschlands. 2 Bde. Göttingen 1846/48. Hefele, Gesch. der Einführung des Christentums im südwestl. Deutschland. Tübingen 1837. Friedrich, Kirchengesch. Deutschlands. 2 Bde. Bamberg 1867/69. Gelpke, Kirchengesch. der Schweiz. 2 Bde. Bern 1856/61. Egli, Kirchengesch. der Schweiz bis auf Karl den Großen. Zürich 1893. Württembergische Kirchengesch., herausgeg. vom Calwer Verlagsverein. Calw 1893. Hauck, Kirchengesch. Deutschlands. I (3. u. 4. Aufl., Leipzig 1904); II (2. Aufl., 1900); III (3. u. 4. Aufl., 1906). Körber, Die Ausbreitung des Christentums im südl. Baden. Heidelberg 1878. Ficker, Joh., Altchristl. Denkmäler und Anfänge des Christentums im Rheingebiet. Straßburg 1909. Baumann, Gesch. des Allgäus. I. Bd. Kempten 1881. Wentzke, Zur ältesten Gesch. der Straßb. Kirche. Zeitschr. f. Gesch. des Oberrh., N. F., XXV (1910), 383—397. H. Lauer, Die Einführung des Christentums in der Baar. Donaubote 1910, Nr. 166. 172. 178. 184. 189. 206.

II. Literatur zu einzelnen Fragen.

Zu Kapitel 1: Fabricius, Die Besitznahme Badens durch die Römer. Heidelberg 1905. O. Fritsch, Aus Badens römischer Vorzeit. I. Denkmäler des röm. Heeres. Karlsruhe 1910. Die Notitia Galliarum. Mon. Germ. Auctores antiquissimi, IX, 552ss. — Zum Silberamulett von Badenweiler:

Wiedemann im Bonner Jahrb. LXXIX, 215 ff. Kraus, Christl. Inschriften der Rheinlande, I, 13. Wagner, Fundstätten und Funde im Großherzogtum Baden, I, 168. Cabrol, Dictionnaire d'archéol. chrét., I, 1837 ss. — Zum Löffel von Sasbach: Kraus im Bonner Jahrb. LXXIII, 87 und Realencyklop. der christl. Altertümer, II, 342. Schliz im Jahresbericht des Histor. Vereins von Heilbronn, VII (1904), 23 ff. Sauer in Kunstdenkmäler des Großh. Badens, VII, X ff.

Zu Kapitel 2: Baumann, Schwaben und Alamannen in Forschungen zur deutschen Gesch., XVI, 215 ff. H. v. Schubert, Die Unterwerfung der Alamannen unter die Franken. Straßburg 1884. Weller, Die Besiedelung des Alamannenvolkes in Württemberg. Württemb. Vierteljahrshefte, N. F., VII (1898), 301—350. Öchsli, Zur Niederlassung der Burgunder und Alamannen in der Schweiz im Jahrb. f. Schweiz. Gesch., XXXIII (1908), 223—266. Schumacher in Mainzer Zeitschr., II, (1907), 11 ff. Schulte, Reste romanischer Bevölkerung in der Ortenau in Zeitschr. f. Gesch. b. Oberrh., N. F., IV, 300 ff. Schultze, Die Gaugrafschaften des alamann. Badens. Stuttgart 1890; Ders., Die fränk. Gaue Badens. Ebb. 1896. Cramer, Gesch. der Alamannen als Gaugeschichte. Breslau 1899. — Über die neuesten christlichen Funde in Mainz: Körber in Mainzer Zeitschr., III (1908), 1 ff. u. IV (1909), 14 ff. — Über die Frage Windisch—Konstanz oder Windisch—Lausanne: Besson, Recherches sur les origines des évêchés de Genève, Lausanne et Sion (Fribourg 1906), p. 140 ss., 170 ss. — Über die fränkischen Königshöfe: Eggers, Der königl. Grundbesitz im 10. und beginnenden 11. Jahrh. Weimar 1909. — Der Pactus und die Lex Alamannorum, herausgeg. von Lehmann, in Mon. Germ. Leges, V, 1. Hannover 1888.

Zu Kapitel 3: Über die iro-schottische Kirche, das einseitige Werk von Ebrard, die iro-schottische Missionskirche des 6., 7. u. 8. Jahrh. Gütersloh 1873. Greith, Gesch. der altirischen Kirche. Freiburg 1867. — Über Fridolin die Vita Baltheri in Mon. Germ. Script. rer. Meroving. III, 351 ss. Der Sermo des Petrus Damiani über den hl. Fredelinus bei Migne, tom. 144. Leo, Der hl. Frid. Freiburg 1886. Heer, Der hl. Frid. Zürich 1889. A. Schulte in Jahrb. f. Schweiz. Gesch. XVIII (1893), 134 ff. Max Mezger, St. Frid. im Lichte der Gesch. in Hibigeigei. Beibl. zum Säckinger Volksbl. 1908, Nr. 17—19. — Über Columba: Jonae Vita in Mon. Germ. Script. rer. Merov. III, 65 ss. Briefe Columbas, herausgeg. von Gundlach in Mon. Germ. Epist. III, 156 ff.; die 2 Regeln, von Seebaß in Zeitschr. f. Kirchengesch. XV, 366 ff. XVII, 218 ff. Das Poenitentiale ebb. XIV, 441 ff. Malnory, Quid Luxovienses ad ecclesiae profectum contulerint. Paris 1894. Hauck, Kirchengesch. I, 600 ff. (zur Chronologie). Greith, Die hl. Glaubensboten Columban u. Gallus. St. Gallen 1865. Zimmermann, Die hl. Columban u. Gallus. St. Gallen 1866. Martin, St. Columban. Paris 1905. — Über den hl. Gallus: Älteste Vita in Mon. Germ. Script. rer. Merov. IV, 251—256; überarbeitet von Wettin ꝛc. 256—280; von Walahfrid Strabo 280—337. Wartmann, Urkundenbuch der Abtei St. Gallen. 4 Bde. 1863/92. — Über St. Trudpert: Passio in Mon. Germ. Script. rer. Meroving. IV, 352 ff. Rieber, Das Todesjahr in Freib. Zeitschr. f. Geschichtsv. XIII (1897), 79 ff. F. v. Weech, Urkundenbuch des Klosters, Zeitschr. f. Gesch. b. Oberrh. XXX (1879), 76 ff. Schulte, Die Urkundenfälschungen von St. Trudp. Mitteilungen des Instit. f. österr. Geschichtsforsch. VIII,

538 ff. — Über St. Landelin: Kürzel, Die Benediktiner-Abtei Ettenheimermünster. Lahr 1870 u. Freib. Diöz.-Archiv XV, 201 ff. — Über die angebliche Abgrenzung des Straßburger Bistums durch Dagobert, die Urkunde Friedrich Barbarossas vom Jahre 1155 bei Dümgé, Regesta Badensia (1836), S. 139, dazu Meyer von Knonau in Anz. f. Schweiz. Gesch. 1871, 122 ff. — Über die Markgenossenschaften als Grundlage der Pfarrsprengel: Reinfried im Freib. Diöz.-Archiv, N. F., XI, 98 ff. — Über die alamannischen Herzöge und Grafen: Meyer v. Knonau in Forschungen z. deutsch. Gesch. XIII (1873). Tumbült in Ergänzungsband III der Mitteilungen des Instituts f. österr. Geschichtsforschung (1890/94) u. Schriften des Vereins f. Gesch. d. Bodensees 1908. Knapp an letzterem Ort 1907. Baumann in Württemb. Vierteljahrsheft f. Landesgeschichte 1878.

Zu Kapitel 4: Über Schuttern: Ruppert, Gesch. der Mortenau I, 425—440; Sauer, Kunstdenkmäler v. Baden VII, 122 ff. (hier die nähere Literatur verzeichnet). — Über Honau: Grandidier, Hist. de l'église de Strasb. I, 406 ss. u. Oeuvres inéd. I, 157 ss. Sauer, Kunstd., VII, XX. — Über Schwarzach: Grandidier, Hist. de l'église de Strasb. I, 424 ss. Oeuvres inéd. I, 179 ss. Reinfried in Freib. Diöz.-Archiv XX, 141 ff.; XXII, 41 ff. Sauer ebb., N. F. V, 361 ff. — Über Gengenbach: Grandidier, Hist. I, 421 ss. Oeuvres I, 174 ss. Sauer in Kunstdenkm. v. Baden VII, 361 ff. (hier auch die nähere Literatur). — Über Pirmin: Die Dicta Pirmini bei Caspari, Kirchenhist. Anecdota (Cristiania 1883), S. 151—193. Vita in Mon. Germ. Scriptor. XV, 21 ss. Die Vita Hermanns des Lahmen in Chronicon, Mon. Germ. Script. V, 98 ss. — Über die stark mythologische Färbung des religiösen Lebens: Mogk, Mythologie in Pauls Grundriß der germ. Philologie I (Straßb. 1891, 982—1138). Oberle, Überreste germanischen Heidentums im Christentum. Baden-Baden 1883. Die Pastoralinstruktion Gregors des Großen für die angelsächs. Kirche Mon. Germ. Epist. II, 330 ss. — Über Gebetsverbrüderungen: Mon. Germ. Libri Confraternitatum, ed. Piper (Berlin 1884). Ebner, Die klösterl. Gebetsverbrüderungen. Regensburg 1890. — Über Schienen: Wattenbach, Die Übertragung der Reliquien des hl. Genesius in Zeitschr. f. Gesch. des Oberrheins 24, 1 ff. Marbe, Die Wallfahrt zu U. L. Frau v. Schienen. Freiburg 1879. — Über Rheinau: Hohenbaum van der Meer, Gesch. des Gotteshauses Rheinau 1778. Freib. Diöz.-Archiv XII, 253 ff. Rothenhäusler, Baugesch. des Kl. Rh. Freiburg 1902. Birchler, Der hl. Fintan. Einsiedeln 1893. — Über St. Blasiens Anfänge: Gerbert, Hist. Silv. Ngr. a. versch. Stellen. Mone, Quellensammlung der bad. Landesgesch. IV, 76 ff. Kronthal, Zur Gesch. des Kl. St. Blasien. Breslau 1888. Bader, Das ehemal. Kloster St. Blasien. Freiburg 1874. Enderle, Studien über den Besitz des Klosters St. Blasien. Freiburg 1909. — Über Lorsch: Die Annales Laureshamenses in Mon. Germ. Script. I, 124 ss. Falk, Gesch. des Kl. Lorsch. Regensburg 1866. Schleuning, Die Michaelsbasilika auf dem hl. Berg bei Heidelberg. Heidelberg 1883. — Über Mosbach: Albert in Zeitschr. f. Gesch. des Oberrh. N. F. XXIII (1908), 593 ff. — Über die wirtschaftliche Lage alamannischer Klöster: Caro, Beiträge zur älteren deutschen Wirtschafts- und Verfassungsgesch. (Leipzig 1905), S. 1—25. — Über Reichenau: Hermanni Contracti Chronicon, edid. Pertz, Mon. Germ. Script. V, 67ss. Purcharbi, Gesta Witigowonis, ebb. IV, 621ss. Gallus Oheims Chronik, herausgeg. von Brandi. Heidelberg 1893. Brandi, Die Reichenauer Urkundenfälschungen. Heidelberg 1890. Eckhard, Die Anfänge der Reich. Schriften des Vereins f. Gesch. des Bodensees XIX, 21 ff. Dieterich, Die Geschichtsquellen des Kl. Reichenau. Gießen 1907. — Über die Reichenauer Bibliothek König im Freib. Diöz.-Archiv IV, 251ss. — Über die Dichterschule: Winterfeld in Neue Jahrb. f. klass. Altertum u. Pädagog. III (1900), 341—361. G. Meier, Die Schule von St. Gallen, Jahrb. f. Schweiz. Gesch. 10 (1895), 75 ff. — Über die Reichenauer Kunst: Neuwirth, Die Bautätigkeit der alemann. Klöster St. Gallen, Reichenau u. Petershausen. Wien 1884. Abler in Baugesch. Forsch. I (1870). v. Sommerfeldt, Die Münsterkirche zu Mittelzell, Alemannia N. F. VII (1906), 81 ff. Kraus, Die Wandgemälde in der St. Georgskirche zu Oberzell. Freiburg 1884. Künstle-Bayerle, Die Pfarrkirche St. Peter und Paul in Reichenau-Niederzell. Freiburg 1901. Künstle, Die Kunst des Kl. Reichenau im 9. u. 10 Jahrh. Freiburg 1906. Vöge, Eine deutsche Malerschule um die Wende des 1. Jahrtausends. Trier 1891. Schmarsow, Die Kompositionsgesetze in den Reichenauer Wandgemälden. Repert f. Kunstwiss. XXVII, 260 ff. Swarzenski, Reichenauer Malerei und Ornamentik. Ebb. XXVI, 389 ff. Die Publikationen über einzelne Miniaturhss. der Reichenauer Schule können nicht näher verzeichnet werden; man findet Verweise in den zitierten Werken, die ältere Einzelliteratur bei Kraus, Kunstdenkm. von Baden I, 325. — Über Hatto I.: Dammert, Hatto I. Freiburg 1864/65. — Über Walahfried Strabo: Schriften bei Migne, Patrol. Lat. tom. 113. König in Freib. Diöz.-Archiv III, 317 ff. Ebert in Berichte der philos. hist. Klasse der sächs. Gesellsch. der Wissensch. 1878, 100 ff. Eigl, Walafr. Strabo. Wien 1909.

Zu Kapitel 5: Über die rechtliche Stellung der Klöster dem Bischof gegenüber im 1. Jahrtausend: Sickel, Beiträge zur Diplomatik, IV (Sitzungsberichte der k. k. Akademie zu Wien, Bd. 47, 565). Harttung, Diplomatisch-histor. Forschungen (Gotha 1879), S. 3 ff. Hüfner, Das Rechtsinstitut der klösterlichen Exemtion (Mainz 1907). — Über die rechtliche Stellung von St. Gallen: Sickel, St. Gallen unter den ersten Karolingern in den Mitteilungen z. Vaterländ. Gesch., herausgeg. vom Histor. Verein in St. Gallen, IV, 1 ff. Beyerle in den Schriften des Vereins f. Gesch. des Bodensees, XXXII (1903), 31 ff. — Über die Bischöfe als Reichsfürsten: Hauck, Die Entstehung der bischöfl. Fürstenmacht. Leipzig 1891. — Über Salomo III.: Zeller, Bischof Salomo III. (Leipzig 1910); hier die reiche Literatur vollständig verzeichnet. — Über den hl. Konrad: Vitae in Mon. Germ. Script. IV, 429ss. Jul. Mayer, Der hl. Konrad. Freiburg 1898. — Über den hl. Gebhard: Vita in Mon. Germ. Script. X, 586. — Über Bonifatius und seine Reform: Hahn, Bonifaz u. Lul. Leipzig 1883. G. Kurth, Wynfrith — Bonifatius. Fulda 1903. Schnürer, Bonifatius. Mainz 1909. Hauck, Kirchengesch., I, 448 ff. — Über die hl. Lioba: Vita in Mon. Germ. Script. XV, 121 (dazu Neues Archiv 29 [1904], 153 ff.). Briefe in Mon. Germ. Epist. III, 280ss. Zell, Die hl. Lioba. 2. Aufl. Freiburg 1873.

Zu Kapitel 6: Über die rechtliche Stellung und wirtschaftliche Lage der Pfarrkirchen und Pfarrgeistlichkeit: Stutz, Die Eigenkirche als

Literaturübersicht.

Element des mittelalterl.-germ. Kirchenrechts. Berlin 1895; Ders., Gesch. des kirchl. Benefizialwesens. I. Berlin 1895. Imbart de la Tour, Les paroisses rurales du IV⁰ au XI⁰ siècle. Paris 1900. Schäfer, Pfarrkirche und Stift im deutschen Mittelalter. Stuttgart 1903. — Über die Urpfarreien der Ortenau: Reinfried im Freib. Diöz.-Archiv, N. F., XI, 89 ff. — Über Einzelkirchen: Schleuning, Die Michaelsbasilika auf dem hl. Berg bei Heidelberg. 1883. — Handschuhsheim: Blaum in Neues Archiv f. Gesch. der Stadt Heidelberg, VII (1907), 1—31. — Golbbach: Kraus, Die Wandgemälde der St. Silvesterkapelle zu Golbbach. München 1902. — Burgfelden: P. Weber, Die Wandgemälde zu Burgfelden. Darmstadt 1896. P. Wilh. v. Keppler in „Aus Kunst und Leben", I. (Freiburg 1905), 76 ff. — Petershausen: Casus Monast. Petershusani in Mon. Germ. XX, 633 ss. Zell u. Bock in Freib. Diöz.-Archiv II, 343—438. — Über den Heiligen- und Reliquienkult: Wichtigste Quellenschrift Gregors v. Tours Miraculor. libri 8 (Gloria Martyrum; Gloria confessorum; Vitae Patrum; Vita Martini). Bernoulli, Die Heiligen der Merovinger. Tübingen 1900. Beissel, Die Verehrung der Heiligen und ihre Reliquien. Freiburg 1890. Stückelberg, Geschichte der Reliquien in der Schweiz. I. Zürich 1902. II. Basel 1908. — Über die ältesten Kirchenpatrone: Gauß u. Burkhardt, Die Heiligen des Basler Gebietes. Basler Zeitschr. f. Gesch.- u. Altertumskunde. 1889 u. 1905. Bossert, Die Kirchenheiligen Württembergs. Württemberg. Vierteljahrshefte für Landesgesch., VIII (1885), 282—290. Mone in „Die bildenden Künste in Baden", XIV, 14 ff. Ochsler u. Sauer in Freib. Diöz.-Archiv, N. F., VIII, 169—238.

www.ingramcontent.com/pod-product-compliance
Lightning Source LLC
Chambersburg PA
CBHW030237240426
43663CB00037B/1236